西樵歷史文化文獻叢書

衍烈堂族譜（二）

（清）羅有聯 編修

广西师范大学出版社
GUANGXI NORMAL UNIVERSITY PRESS
·桂林·

孟房十三世

彎字希大號忱塘鄉子母陳氏生于嘉靖壬午七月十一充新寧縣吏終于萬歷丙申十月初一享壽七十五妻區村區氏繼娶潘氏合葬后岡三子　建和區氏出　建科　建程俱潘氏出

大韶字希舜號紹泉綺長子母李氏生于嘉靖丙申九月初二充縣吏終于萬歷丙戌十月初四享年四十一妻大坑陳氏合葬后岡一子　燦

大夏字希尚號明我綺次子母李氏生于嘉靖辛丑五月二十一省祭官終于萬歷甲辰十月十五享壽六十四妻何村何氏繼娶鳳果周氏合葬后岡五子　充　袍　何氏出　龍屋　裴　俱周氏出

開字希啓號碧山妃宗子母區氏生于正德己卯六月初三終于萬歷癸卯八月二十享壽八十五妻本里梁氏合葬后岡三子　建臣　建寶　建候

文綱字希正號仰吾宗閔長子母徐氏生于嘉靖乙丑十
月十五妻陳氏繼娶　氏終葬莫考失傳

文紀字希振號若虛宗閔次子母徐氏生于隆慶己巳娶
終葬莫考失傳

文統字希濟號心逸宗閔三子母徐氏生于隆慶壬申九
月十三任陽江大有倉大使妻沙水劉氏繼娶黃岡尾關氏三
子大奇劉氏出　正奇　三奇俱關氏出

文緒字希傳號海宇宗閔四子母徐氏生于萬歷丙子五
月初九終葬莫考妻華夏馮氏二子　太社　義社

文綸字希緒宗孔長子母陳氏生于嘉靖庚申十二月初
一妻勞邊徐氏終葬莫考二子　志聰　志睿

文經字希典宗孔次子母陳氏生于隆慶己巳四月十二
娶終葬莫考無嗣

文充字國勝克魁和芭母黃氏生于嘉靖丙戌十月二十
終于隆慶壬申三月十五享年四十七妻陸氏合葬后岡一子

甲科
文喬字國高克魁次子母黄氏生娶終莫考葬后岡無嗣
文宏字國大克魁三子母黄氏生于嘉靖壬辰九月初四
終于萬歷己丑六月二十五享年五十八妻張氏合葬后岡一
子　阿晚失傳
衣綬字君佩號茂竹上啓子母何氏生于正德己卯九月
二十五終于萬歷己亥享壽八十一妻梁氏合葬岡一子　鳳翥
秀芳字兆楨號茂松上進子母杜氏生于嘉靖甲午六月
二十四充廣州府吏終于萬歷癸酉五月初九享有年三十九
妻大果何氏合葬丹竈陸屋岡坐申向寅之原一子　廷翰
衣袖字兆新號敬南上可長子母何氏生于嘉靖甲申十
二月初八終于嘉靖壬子二月十六享年二十八妻陸氏合葬
二子　從善　從正
衣襯字兆祥上可次子母何氏生于嘉靖甲午十二月十
三終于萬歷戊寅十一月三享年四十四妻沙儋杜氏合葬

三子 保成 保榮 保惠
衣禮字兆矩號拙吾上可三子母何氏生于嘉靖已亥八
月十九終于萬歷癸丑享壽七十五妻鹿大 岡林氏合葬 岡
無嗣
衣結士高子母 氏生終葬莫考無嗣
嘉和字惟義號鳳竹光子母陳氏生于嘉靖癸巳二月十四終
于萬歷丁丑三月十五享年四十四妻林氏合葬后岡坐坤向
兼甲寅之原無嗣
存德曰弘長子 惟德曰弘次子 惟漢曰仁長子 惟
敬曰仁次子 惟祥曰仲長子 惟相曰仲次子 惟業曰仲
三子 惟恩曰儒長子 惟錦曰儒次子 惟誠曰儒三巳上
十人俱在順德縣古樓栅口村住
嘉誠字君宰遇子母梁氏生娶終葬莫考無嗣
嘉會字惟禮列子母李氏生于嘉靖壬辰九月二十七終
于萬歷乙未八月初八享壽六十四妻甘氏合葬后岡四子

獻英昌才
嘉賢字惟任號敬山釗子母甘氏生于嘉靖壬寅六月十五終于萬歷癸卯九月十三享壽二妻梁氏合葬后岡三子
喬銳　喬萊　喬龍
嘉志字惟鞏璋子母陳氏生于嘉靖癸卯六月初二終于萬歷壬辰四月十三享年五十葬后岡妻區氏三子高亮　富
嘉惠字惟濟號正岡策長子母麥氏生于嘉靖庚子正月十六終于萬歷已亥十月十五享壽六十妻本里陳氏合葬后岡四子　嵩　岫　岐　山
嘉善字惟積號懷岡策三子母麥氏生于嘉靖癸丑九月二十六終于萬歷已未十二月二十九享壽六十七妻蘇氏合葬潤螺岡四子　良壁　瑞通　岩參
嘉靖丁未八月初一終于萬歷葬莫考妻大仙岡陳氏二子
岑峻
鳳字以鸞帝長子母林氏生于嘉靖壬午八月十六終于萬

歷癸未十一月二十五享壽六十二妻何氏合葬百岡子岡一
子　于廷
　太序字永盛緑青長子母方氏生娶終葬莫考一子真寧
　太禎字祥緑青次子母方氏生娶終葬莫考二子真諒　真
才
　太保字伯安緑的長子母陳氏生于正德庚午二月十八
終于萬歷甲申四月十九享壽六十五妻潘氏繼娶徐氏合葬
后岡三子　懋責潘氏出　懋東俱徐氏出
　太盛字伯寧緑瓊次子母陳氏生于嘉靖辛未六月十三
終于萬歷乙未十二月十三享壽七直五妻本里何氏合葬后
岡一子　懋聰
　太能字國廉緑瓊三子母陳氏生于嘉靖癸巳十一月二
十終于萬歷乙巳五月二十享壽七十三妻杜氏合葬后岡二
子　懋師　懋觀
　朋諒字貞甫號真峰蘇齊子母陳氏生于嘉靖己亥五月

二十一終于萬歷已亥八月十一享壽六十一妻林氏合葬后
岡二子　懋帶　懋閏
榮諒字貞華蘇正子母陳氏生于嘉靖已亥三月二十七
終于莫考妻梁氏合葬后岡　無嗣
太奇字伯悦英俊長子母湯氏生于嘉靖癸未六月初二
終于萬歷已未九月十一享年三十七妻梁氏合葬后岡二子
懋德　懋倫
太慶字伯勝英俊次子母湯氏生于嘉靖乙酉二月十二
終于萬歷癸未五月初二享年五十九妻倫氏合葬后岡二子
懋信　懋儀
永隆字有盛任芳子母　氏生娶終葬莫考一子元興
永升字有餘任長子母　氏生娶終葬莫考生四子　元振
元楚　元漢　元信
文時字　綉之長子母　氏生娶終葬莫考四子　正
夫　信夫　獻夫　順夫

文魁字　綉之次子母　氏生娶終葬莫考無嗣
文本字　綉之三子母　氏生娶終葬莫考二子應龍
應貞
文清字　綉之四子母　氏生娶終葬莫考三子應
昌　應鳳　應敖
文獻字　綉之五子母　氏生娶終葬莫考無嗣
文憲字　號麗池綉舉子母　氏生娶終葬莫考二子乾
夫　麗夫
武選字才用號瑞齊表實長子母　氏生娶終葬莫考四
子　廷佐　道佐　理佐　紹佐
武振字才望號仁齊表實次子母　氏生終葬莫考妻何
氏一子　萬英
武相字才輔表實三子母　氏生娶終葬莫考生一子
萬策以上九人俱往信宜住
錦字國望大寧長子母楊氏生于嘉靖甲午十月十三終

于萬歷甲寅五月十一享壽八十一妻朱氏合葬九江一子
孟科
粤字國望太寧次子母楊氏生于嘉靖庚子四月初八終
葬莫考妻九江朱氏一子　阿莊
裔字國振太寧三子母楊氏生于嘉靖癸卯十月十六終
于葬莫考妻陳氏一子　阿為
明康字國仲丑保長子母曾氏生于嘉靖庚申十一月二
十五終葬莫考妻關氏一子　孟松
明綺字國貴丑保次子母曾氏生終葬莫考妻朱氏已上
自錦至明綺俱往九江住
明廣字惟與碧岡文顯子母周氏生于嘉靖甲午十二月
二十三終于萬歷甲寅二月二十三享壽八十一妻本里方氏
合葬沙岡無嗣
明海字惟宇號仰泉文繪繼子繼母杜氏生母陳氏生于
嘉靖庚子正月二十一終于萬歷戊申十二月初五享壽六十

九妻杜氏繼娶鄧氏合葬岡嘴坐酉向卯兼辛乙之原三子
現瑞　珍　俱鄧氏出
明東字惟照號環岡文約長子母陳氏生于嘉靖丁
酉十月十三終于萬歷丁酉正月十本享壽六十一妻金甌區
氏合葬丹竈岡五子　喜　嘉　吉　懿　志
明伏字惟著號念誠文總長子母徐氏生于嘉靖庚子十
月二十三終于天啓丁卯十一月十四享壽八十八妻蘇村陳
氏合葬后岡嘴三子　聖　賢　會
明登字惟佐號贊廷文總次子母徐氏生于嘉靖癸卯六
月初九終于天啓丁卯十一月二十六享壽八十五妻大仙岡
陳氏合葬后岡無嗣
嚴觀祺長子母陳氏往廣城住
引孫觀祺次子母陳氏往陽春住
莊字惟瑞號日間觀俊長子母郭氏生于嘉靖乙未十月
二十終于萬歷戊午十月十一享壽八十四妻鄧氏合葬沙岡

無嗣附祀鳬江公

貴孫字惟芳觀俊次子母郭氏往高明住

明啓字惟　業文遂子母區氏生于嘉靖辛卯六月二十五終于萬歷癸卯二月十八享壽七十三妻茅洲黎氏事葬岡嘴一子　哲無嗣附祀鳬江公

明聰字惟毅文敬長子母陳氏生于嘉靖辛丑三月初三終于萬歷甲申十一月二十八享年四十四葬岡嘴妻黃氏一子　萬華

明睿字惟益文敬次子母陳氏生于嘉靖壬子八月二十八終于萬歷癸丑三月二十八享壽六十二葬莫考妻陸氏大岡陳氏無嗣

明弟字崔紀妃泰子母張氏生于嘉靖戊子二月十八終于萬歷癸巳八月十一享壽六十六葬沙僚地妻華涌陸氏二子　英　杰

明相字惟宰文偉長子母劉氏生于隆慶辛未九月三十

終于萬歷丙午七月二十九享年三十六葬沙岡妻上冲陳氏
無嗣
明憲字惟達文偉次子母劉氏生于萬歷丙子十二月三
十娶終莫考失傳
帝饒字惟聖號懷山文杰子母黎氏生于隆慶壬申九月
二十六終于順治庚寅十月十四享壽七十九妻丹竈方氏三
子　大進　大朝　大猷
深字本深元積長子母陳氏生于正德甲戌十一月十七
終于嘉靖乙丑九月十二享年五十二妻高氏合葬中堂岡二
子　子確　子能
清字本清元積次子母陳氏生終葬莫考無嗣
忠字本忠號敬洲元秘長子母潘氏生于嘉靖庚戌二月
初四終于隆慶壬申十二月二十五享壽六十三妻何氏合葬
西邊坑二子　子練　子結
三志字本信元秘次子母潘氏生娶終葬莫考一子　子

榮

誠字本誠元秘三子母潘氏生終莫考妻麥氏合葬中堂

罔無嗣

孔曾字華夫元科長子母何氏生于正德乙亥五月十二

終結絡于萬歷丙子正月十二享壽六十二妻徐氏合葬庵邊

四子　大經　大本　大奇　大堯

孔曾字儒新號良灣元科次子母何氏生于嘉靖乙酉十

一月十五充縣據役滿不仕終于萬歷巳卯七月十一享年五

十五屯梁氏合葬庵邊罔三子　思唐　思庸　思康

孔顏字儒魯號雙泉元科三子母何氏生于嘉靖戊子四

月初二充縣據終于萬歷戊子十二月二十六享壽六十一妻

馮氏繼娶李氏合葬庵邊二子豸成章俱出馮氏出

文逺字宗任季華長子母陳氏生終葬莫考無嗣

文逵字上行季華次子母陳氏生于嘉靖戊子十一月二

十九終于萬歷乙酉五月十七享年五十八妻杜氏合葬屈龍

岡一子　贊
　士逢字于寵號粤江季成長子母杜氏生于嘉靖丙申八
月初四終于萬歷丙申九月二十享壽六十一妻梁氏合葬屈
龍岡二子　炯　組
　士昂字于建季成次子母杜氏生于嘉靖乙卯正月二十
五終于萬歷已卯二月初六享年二十五葬屈龍岡妻梁氏一
子　戊孫
　土朝字于爵梓橋長子母謝氏生于嘉靖庚子八月十一
終于萬歷庚寅二月十八享年五十一葬屈龍岡妻鄧氏無嗣
　士勉字于杰梓橋次子母謝氏生終葬莫考妻陳氏無嗣
　士教字于登梓翠子母區氏生于嘉靖庚申五月十一終
莫考妻陳氏合葬屈龍岡一子　恩
　士祥字于祉世璋長子母鄧氏生娶終葬莫考無嗣
　士喬字于漢世璋次子母鄧氏生娶終葬莫考無嗣
　紹禄字于遁號莫堂世元長子母陳氏生于嘉靖壬寅正

月二十一終于萬歷癸卯四月初三享壽六十二妻潘氏合葬

屈龍岡無嗣

紹祺字于貞世元次子母陳氏生于嘉靖丁未九月初六

娶終葬莫考無嗣

道從字宗眷眸子母伍生娶終葬莫考無嗣

道通字宗貫號愚宏子母孔氏生于嘉靖甲申五月十九

終于萬歷乙未六月初十享壽七十二妻大杏張氏繼娶蘇村

陳氏合葬屈龍岡生四子　在充張氏出　榮　綬衿俱陳氏出

道舉字宗益弼子母何氏生于嘉靖癸未十一月二十八

終于萬歷癸酉三月二十九郭年五十一妻張氏合葬獅子岡

一了　順

申字于申引子母陳氏生于嘉靖甲申二月二十七終于

萬歷癸示九月初五享壽六十葬白雲岡無嗣

振字宗振世美子母張氏生于嘉靖癸未二月十五終于

萬歷乙酉十二月二十一享壽六十三妻吳氏合葬沙岡無嗣

允字宗允世亮子母陳氏生娶終葬莫考無嗣
日奇字惟新變子母何氏生于嘉靖辛卯二月十一終于
萬歷辛卯六月三十享壽六十一妻陸氏合葬沙岡一子 蔭
益字宗廉文順長子母區氏生于正德丁丑正月二十四
終于萬歷戊戌七月初七享壽八十二妻梁葬沙岡二子 士
綠 士功
盛字宗俞文順次子母區氏生于嘉靖乙酉五月十九終
于萬歷壬辰二月十三享壽六十八妻黄氏合葬棗地無嗣
盤字宗器文郁子母吴氏生于嘉靖丙戌九月十二終于
萬歷戊寅五月二十八享壽六十五后岡陳本里陳氏一子
阿六往冲霞住
標字宗的文韜子母方氏生于嘉靖甲申正月二十一終
于萬歷甋已二月十九享壽六十妻何氏合蜆殼岡一子 士
德
明爵字宗瑶文的子母區氏生于正德辛巳七月十八終

于嘉靖辛酉三月二十二享年四十一妻劉氏合葬沙岡一子

士志

仲房十三世

尚賓字敬夫號松岡朝用子母黎氏生于正德戊辰四月
十六終于嘉靖癸丑正月二十九享年四十六妻石牛岡蘇氏
合葬大良山西向之原三子 學孔 學程 學顔
彔字燦夫智長子母何氏生娶終莫考葬沙岡無嗣
彔字燦秋智次子母何氏生娶終莫考葬沙岡無嗣
彔字燦和智三子母何氏生娶終莫考葬沙岡無嗣
節字堯儉號竹輔圃經子母梁氏生于嘉靖癸未九月初
九終于萬歷丙申五月十六享壽七十四妻梁氏合葬白雲岡
一子 阿八
士龍字世可號慕閑紀子母關氏生終葬莫考無嗣
充衣字堯繪需子母陳氏生于正德丙子二一月初二終
于嘉靖辛酉三月二十四享年四十六妻周氏合葬后岡三子
學文 學曾 學舉
天附字哲夫號后岡文慶長子母陳氏生于正德丙子八

月十一由吏員任廣西江口驛宰終于萬歷戊子八月初一享
壽七十三妻大棗甘氏合葬沙岡一子　大鵬
天與字堯緒文慶次子母陳氏生于嘉靖終于萬歷妻李
氏合葬沙岡二子　大鴻　大雁
天相字兆賢文善子母何氏生娶終葬莫考無嗣
文昌字茂夫二正子母黄氏往華夏住
文盛　字秩甫三正長子母區氏生娶終葬莫考無嗣
文明字振甫號半畝三正次子綫區氏生于嘉靖終萬歷
癸巳葬莫考妻何氏二子　履誠　履貴
奇鳳字于岡號十峰繼宗子母鄧氏生于嘉靖庚寅九月
初一充憲司掾終于萬歷甲戌正月初三享年四十五葬沙岡
妻百滘關氏繼娶梁氏三子　履祥　履德　履元俱梁氏出
阿道字宗脈永辛子母潘氏生終葬莫考妻潘氏生三子
為典　為經　為策俱往大岸住
兆鳳字禮宗永德子母梁氏生娶終葬莫考無嗣

紹鳳字樂甫永方子母何氏生娶終葬莫考往東莞住
儀鳳字禮甫永富子母徐氏生于嘉靖乙巳二月二十八
終于萬歷妻李氏一子 履智
允賢字承夫道清子母冼氏生娶終葬莫考順德軍屯住
師賢字達夫道明長子母杜氏生娶終葬莫考失傳
師聖字彥夫道明長子母杜氏生娶終葬莫考失傳
師顏字睿夫道明長子母杜氏生娶終葬莫考失傳
保字任賢號兩居新受長子母倫氏生于嘉靖甲午十月
二十終于萬歷丙申八月十五享壽六十三葬沙岡妻冼村李
氏繼娶周氏三子 有磷 有鸞 有鳳俱李氏出
信字任夫新受次子母倫氏生娶終莫考葬沙岡無嗣
阿黑字任昌新德長子母張氏生娶終葬莫考一子孔恒
往帥邊住
阿紀字任能號敬懷新德次子母張氏生終葬莫考妻梁
氏二子 萬新 萬化往崗頭住

澤字以蔭宏玄子母吴氏生娶終葬莫考官窰三子巷住

虞賓字堯任弁長子母劉氏生于正德庚辰九月初九終嘉靖良庚戌七月十三享年三十一葬中堂岡妻蘇村黃氏無嗣

虞治字熙載號遠屏弁次子母劉氏生于嘉靖壬午十二月二十四治易經進邑庠少而靈於詩書無所不究窺五經子史各有論斷弱冠而業名大進付士行聲稱嘖嘖惜困場屋平居則申申如也待人接物則訢訢如也鄉人或興作及爭訟咸從取決公嘗自言平生不欺善不怕惡不損人利已不嫁禍以快私仇不談是非以傷公義時以骨肉之急供新戚之求又當自言吟自在詩飯歡喜酒甚嗜詩歌與人為善弗勝誘掖獎勤終于萬歷庚子正月初六享壽七十九妻何村何氏合葬梅步岡二子　紹一　紹甫

虞恩字惠大號活沼宸子母陳氏生于正德丁丑六月十二終于隆慶戊辰正月十六享年二十二妻黃氏繼娶勞氏合葬

地堂園無嗣

士魁字萃元號梅山堅長子母黎氏生于正德辛巳十月二十七終于萬曆甲申四月十九享壽六十四妻上坑李氏合葬蘇坑浮華岡三子　大卓　大益　大受

士杰字萃英號西河堅次子母黎氏生于嘉靖庚子三月二十二終于萬曆乙巳十二月二十九享壽六十六妻大仙岡陳氏合葬地堂園無嗣

雪芳字公茂號松所謹長子嫡母陳氏生母鄧氏生于嘉靖乙亥四月十二終于萬曆丙申五月二十三享壽七十二妻大沙陳氏合葬蘇坑浮華岡三子　彩　彬　彪

雪衷字公彝謹次子嫡母陳氏生母鄧氏生于嘉靖癸卯五月初七終于萬曆甲戌十一月初十享年三十二妻蘇坑黃氏合葬地堂岡園一子　酉科

孟字鄒賢祥子母劉氏生于正德辛巳八月十六終于嘉靖丙戌九月二十享壽六十六葬莫考妻陸氏生二子　科貴

科選

彦修字學賢武長子母孔氏生于嘉靖戊子五月十一終
于萬歷戊寅九月十八享年五十一妻本里陳氏合葬沙岡二
子　貴德　樊德

彦能字與賢武次子母孔氏生于嘉靖辛卯十二月二十
終于萬歷庚寅十一月十一享壽六十妻陳氏合葬沙岡二子
貴唐　貴定

彦濟字譽賢武三子母孔氏生娶終葬莫考無嗣

彦聰字啓謀號北山一湛子母李氏生于嘉靖丙午四月
初九提舉司據終于萬歷甲午五月十七享年四十九妻冄竈
謝氏合葬白雲岡繼娶官塘黄氏二子隨母返外家

彦舉一澈子母陳氏生終葬莫考無嗣

彦琚一汪子母何氏生終葬莫考往高明住

杈字允禮良紀子母張氏生于嘉靖庚子八月初二終于
萬歷丁酉六月十三享年五十八妻梁氏合葬欄石岡尾一子

于瑞往小布住

靖科字國舉良四長子母麥氏生于嘉靖戊戌六月十一

終于萬歷戊戌八月十二享壽六十一妻孔氏合葬后岡一子

丞往虎村住

三科字國祿良四次子母麥氏生娶終葬莫考一子　阿志

往大仙岡住

毓　字秀之號見松先子母譚氏生于正德壬戌九月初一

賦性清勤崇儒樂善非先王之法不言教訓子侄得老氏之精

而用之也科于萬歷庚辰十一月二十六享壽七十九妻李邊

黄氏合葬中堂岡一子　瑶

道志字貫之號東明芳子母潘氏生于弘治辛酉十一月

初三廉州府據終于嘉靖丙辰五月十七享年五十六妻西城

潘氏合葬烏飯岡坐壬向丙兼亥巳之原二子　大廉　大德

道盛　字國明滋長子母麥氏生終莫考妻區氏合葬沙岡

二子　師堯　師禹

道奇字國秀號梅岡滋次子母麥氏生于正德庚辰十月
初五封川縣吏終于萬歷丙申二月二十七享壽七十七妻孔
氏合葬沙岡申向二子　大化　大冬

道章字國文滋三子母麥氏生于嘉靖癸巳八月二十五
終于嘉靖辛酉十月初九享年二十九妻孔邊吴氏合葬烏飯
岡無嗣

道寧字禮之號后容方長子母陳氏生于正德庚申終莫
考妻孔邊孔氏合葬沙岡二子　大能　大義

道本字性之方次子母陳氏生終莫考妻陳氏合葬沙岡
一子　大壯

道東字偉之方三子母陳氏生于嘉靖庚午九月十二終
于萬歷　十二月十五妻沙塘角梁氏合葬　沙岡二子　大文
大章

李安字景升阿弟長子母張氏生于弘治壬子四月十八
終于嘉靖壬子十二月十一享壽六十一妻陳氏合葬沙岡四

子縉藴通迪

三安阿弟次子母張氏生終葬莫考失傳

四安阿弟三子母張氏生于弘治己未三月終于嘉甲寅

九月初二享年五十六妻周氏合葬沙岡一子閔

季房十三世

賓字士賢志秋長子母梁氏生于弘治壬戌四月十八終
于萬歷丙子十月二十三享壽七十五妻大棗杜氏合葬蜆殼
岡無嗣

英字士能志秋次子母梁氏生于正德乙亥九月初四終
于嘉靖丙寅九月初四享年五十二妻伏水陳氏合葬蜆殼岡
一子健

善長字士宏志曉長子母伍氏生于正德乙亥六月十三
終于嘉靖甲辰十一月十一享年二十九葬蜆殼岡妻杜氏一
子周

善興志曉次子母伍氏往大沙住

善和字士貴號樵岡志曉三子母伍氏生于嘉靖戊子終
于萬歷妻基寮陳氏合葬沙岡五子 愛 慶 爰 受 度

宗養字士才志厚長子母區氏生于正德丙子三月十九
終于嘉靖癸丑四月十一享年三十八葬蜆殼岡妻陳氏一子

三槐往何村住
宗聖士顏號東泉志厚次子母區氏生于嘉靖甲申十月
十二終于萬歷癸卯九月初七享壽八十妻沙水劉氏繼娶石
扶潘氏合葬榕山岡五子　妙麒　妙麟俱劉氏出　妙龍
妙鸞俱潘氏出
宗明字士睿號心榕志厚三子母區氏生于嘉靖庚寅四
月二十一終于萬歷甲午四月十九享壽六十五妻張氏黎氏
陳氏合葬蜆殼岡無嗣
宗恕字士楚號悦樵志陽子母何氏生于嘉靖辛卯正月
十八終于萬歷辛亥二月二十八享壽八十一妻林氏合葬岡
嘴原擇養十五世孫　希立為后緑倫序不相當於是希立歸
宗遺田服親其子孫念義拜祭
寧字士安號活泉志阜長子母何氏生于正德乙亥十一
月二十四終于萬歷甲申十月初三享壽七十妻周氏合葬蜆
殼岡一子　廉

喬字士慶號良泉志和繼子繼母潘氏生母何氏生于嘉靖壬午二月二十九終于萬歷乙未二月初十享壽七十四妻梁氏合葬蜆殼岡三子 思 儒 佳

秉常字帷粹號屏岡志錫長子母梁氏生于嘉靖庚寅十月初九公少習儒書試場示利業事公門考選 道據歸隱園林舉事有方推居族長祠藉鼎譜賴重修子姓扦規蹈距咸服嚴明終于萬歷辛亥九月二十五享壽八十二妻蘇村陳氏合葬沙岡妾許氏二子 芳業 芳業俱許氏出

秉禮字惟會志錫次子母梁氏生于嘉靖已亥正月二十七終于萬歷癸酉八月二十八享年三十五妻麗山陳氏合葬蜆殼岡一子 芳泰

秉義字惟賢號右岡志錫三子母梁氏生于嘉靖辛丑三月初終于萬歷丁巳二月十五享壽七十七妻吳氏合葬沙岡二子 芳梅 芳佰

秉仁字帷靜號懷榕志錫四子母梁氏生于嘉靖庚戌十

月十一終崇禎辛未十一月初十享壽八十二妻沙寮杜氏繼
娶孔氏合葬蜆殼三子　芳檜　芳梧俱杜氏出　芳槐孔氏出
秉智字惟亮號敬榕志錫五子母梁氏生于嘉靖癸丑正
月十三終莫考妻麗山陳氏合葬岡嘴生二子　芳桂　芳翰
秉潤字崇恩志表子母區氏生于嘉靖乙巳二月初二終
于天啓乙丑二月二十二享壽八十一妻孔邊孔氏合葬蜆殼
岡一子　芳芷
國洪字朝選璉子母張氏生于嘉靖丁酉六月二十五終
于萬歷戊戌五月初享壽六十二妻黃氏合葬后岡一子　武
孫
國英字朝敏號意泉玘長子母陳氏生于嘉靖壬辰十一
月二十終于萬歷癸巳九月二十五享壽六十二妻丹竈梁氏
合葬榨岡二子　達芳　達禮
國杰字朝貴號惠泉玘次子母陳氏生于嘉靖乙未五月
初九終于萬歷癸未二月初五享年四十九妻孔邊孔氏合葬

新社岡立一子 達義
國賢字朝賓號思泉玘三子母陳氏生于嘉靖庚子九月
二十一終于萬歷壬子四月二十四享壽七十三妻沙寮帥氏
合葬岡嘴三子 達名 達德 達義出繼
國才字朝緒號念泉玘四子母陳氏生于嘉靖癸卯九月
十七終于萬歷戊午九月初九享壽七十六妻區村陳氏合葬
岡嘴二子 達上 達成
國華字朝富岡長子母梁氏生于嘉靖甲午九月初九終
于萬歷癸巳七月十四享壽六十妻謝氏合區黎壁園無嗣
國榮字朝寵岡次子母梁氏生于嘉靖壬寅七月十二終
于萬歷庚二月十九享年四十九妻孔邊吴氏合葬黎壁園一
子 達積
國俊字朝聰號心泉瑶子母張氏生于嘉靖戊子七月十
四終于萬歷丙戌二月初九享年五十九妻勞邊嚴氏合葬黎
壁園二子 達秋 達和

一見字少賢號惠堂細庚繼子母徐氏生母張氏生于萬
歷癸酉九月二十終于順治壬辰二月二十四享壽八十妻石
涌鄧氏合葬后岡二子　泰聰　泰貴
一勉字少敏號念松文焉子母吳氏生于嘉靖癸亥八月
十二終于崇禎庚午二月二十一享壽六十八妻大果杜氏合
葬后岡二子　泰聖　泰賢
一明字少睿天瑞長子母張氏生于隆慶庚午六月十四
終于莫考妻大沙冼氏合葬后岡一子　泰營
聖長字惠卿覆盛長子母麥氏生于嘉靖辛亥八月十一
終于萬歷丁酉正月二十八享年四十七妻蘇村陳氏合葬后
岡一子　阿道失傳
聖存字載卿覆盛次子母麥氏生于萬歷甲戌五月二十
妻區村李氏終葬莫考失傳
裴長字惠元號潔泉覆振長子母劉氏生于嘉靖庚申四
月二十三終于崇禎甲戌五月初七享壽七十五妻帥邊帥氏

合葬后岡無嗣將生平所置土名黎口嘴田二斗囑八沙岡山
為蒸嘗拜祭
鳳高字惠梧覆振子母原氏生于隆慶庚午十十五終于
萬歷乙巳十月十六享年三十六妻伏水陳氏合葬后岡無嗣
鳳登字惠俊號翔宇覆振三子母原氏生于萬歷戊寅四
月初九終莫考妻布邊張氏合葬后岡無嗣
聖和字惠安號石泉覆餘子母蘇氏生于嘉靖癸亥五月
十二終于崇禎戊寅四月十五享壽七十六妻鹿大岡林氏合
葬后岡二子 觀志 觀德
士積字惠隆文鳳子母姚氏生于萬歷壬申八月初八終
莫考妻大仙岡陳氏合葬蜆殼岡一子 觀一
評字任卿文聰子母方氏生於嘉靖乙酉六月十一終莫
考葬后岡妻西城潘氏無嗣
諭字理卿號心悅文深子母梁氏生于嘉靖壬戌十一月
初一終于天啓文壬戌十月二十三享壽六十一妻丹竈謝氏

合葬后岡三子　益進　益佑　益登

讓字遜卿號愛塘文轍子母梁氏生于嘉靖癸未正月初六終于萬曆乙酉九月初七享壽六十三妻龍歐陽氏合葬后岡大松園三子　益勉　益勵　益謙

蘊字粹卿號碧泉文炯長子母陳氏生于嘉靖辛卯十二月初五充番禺縣吏終于萬曆已丑三月十三享年五十九妻沙浦杏陳氏合葬后岡一子　益方

藎字諫卿號心塘文炯次子母陳氏生于嘉靖甲午五月初終于萬曆甲申正月二十三享年五十一葬后岡妻沙水劉氏一子　益中

芝字兆卿號敬灣文樂長子母區氏生于嘉靖戊戌十月二十三終于萬曆丁亥十月十七享年五十妻金竹頭陸氏合葬沙岡西向之原繼娶大果杜氏葬在山手之左二子　益豫　益敏陸氏出

蘭字祥卿號悦灣文樂次子母區氏生于嘉靖壬寅十月

十九終于萬歷辛丑九月初二享壽六十妻華夏馮氏合葬沙
岡西向之原三子　益敬　益彰　益善

義有字惠賢文潤子母麥氏生于嘉靖已丑五月十五終
葬莫考妻大仙岡陳氏一子　泰德　往高明住

籌字參卿文佽子母馮氏生于嘉靖癸丑六月二十九終
莫考妻大衆張氏合葬后岡一子　益衆

汝興應奇子母　氏原在營當伍生娶終葬莫考一子秀錦

士麟欽子母潘氏生娶終葬莫考二子　桂聯　桂芳

士成字茂芳號蘭谷監長子母唐氏生娶終葬莫考生二
子　綉豸　綉鸞

士廉字茂吉號三堂監次子母詔氏生于嘉靖甲辰九月
二十九終于鳳凰岡一子　君弼

士升監三子母唐氏生終葬莫考無嗣

鴻字遷猷號順軒憲長子母陳氏生于正德庚辰八月十
六嘉靖丙午經魁丁未聯捷進士初任直隸蘇州府常熟縣知

縣興學校寬賦斂善政得民歷任雲南御史正言拒疏因忤灌
相養病歸鄉終于嘉靖壬子十月十五享年三十三配室李氏
孺人貞節自守勤儉持家祭祀豐潔享奉澹薄延師教訓皆務
大休婦中堯舜者也生于嘉靖乙酉七月初二終于萬歷丁未
八月初七享壽八十四合葬環谷山二子　裕長　裕新

鶚字于起號遂衢憲次子母陳氏生于嘉靖癸巳九月十
六治書經進番禺縣庠終于萬歷已未十二月初八享壽八十
七妻周氏妾區氏何氏合葬馬慕周大岡山之原生六子　舜
臣　直臣　廷臣　周臣俱周氏出　柱臣區氏出　世臣何氏出

鷁字于喬號景雲憲三子嫡母陳氏生母葉氏生于嘉靖
癸亥八月十一娶終葬莫考一子　良臣

鸞字伯祥號瑞泉忠言長子母陳氏生于嘉靖癸卯五月
十八終于萬歷戊戌三月初三享年五十六妻高氏合葬白雲
紅岡一子　帝臣

鵬字仲祥號瑞庵忠言　子嫡母陳氏生母蘇氏生于嘉靖

癸卯七月二十終于萬曆丙申五月十一享年五十四妻鄧氏
合葬白雲紅岡繼娶黄氏一子　應麟
萬儀號斗嚴進長子母關氏生娶終壽葬莫考無嗣
萬里號后山進長子母關氏生娶終壽葬莫考無嗣
萬超號南灣進三子母關氏生于嘉靖己亥六月十一終
于萬曆壬寅八月初三享壽六十四妻曾氏合葬白鶴岡二子
宗典　宗誠
萬河號前灣進四子母關氏生于嘉靖壬寅五月初五終
于萬曆丁巳十二月二十三享壽七十六葬莫考妻梁氏二子
宗法　宗延
萬恭號蘆灣進五子母關氏生于嘉靖己酉十月二十九
終于萬曆戊戌四月十一享年五十葬莫考妻關氏一子　世
儒
于儉字建昌鎮南子母潘氏生于嘉靖丁未九月初六終
于萬曆辛丑九月十八享年五十五妻蘇村蘇氏合葬沙岡四

子 一舉 秀舉 茂舉 晚舉

復怡字建元鎮中長子母孔氏生于嘉靖己未九月一娶
終葬莫考失傳

復忻字建寧鎮中次子母孔氏生于嘉靖癸亥八 五終葬
莫考妻鄧氏一子 天聖

有斐字平章林長子母五氏生于嘉靖甲寅七月終于萬
歷魷已五妝四享年四十妻蘇氏合葬飯籮岡二子 養心 養
氣

三才字平正林次子母王氏原繼從伯桂緑伊蕩產繼母
告退歸宗生于隆慶已巳二月十九終于萬歷乙卯月二十四
享年四十七妻小棗黄氏合葬蜆殼岡二子 日榮 日華出
繼

帝德字平聯號念梅林三子母王氏生于萬歷丙子正月
二十一終于崇禎戊寅七月初一享壽六十三妻鄧氏合葬潤
螺岡 立一子 日華

贊龍字與瑞號石崖弦長子母方氏生于嘉靖戊子三月十一終于萬曆庚子正月初十享壽七十三妻鄧氏合葬飯籮岡二子　尚經　尚柱

贊臣字與佐號對樵弦三子母方氏生于嘉靖壬寅六月十六終葬莫考妻蘇村徐氏一子　尚緯

贊文字與澤貿子母劉氏生于嘉靖辛丑七月十二終于萬曆丙申四月十四享年五十六妻鄧氏合葬沙岡一子　尚雄

贊鵬字與英上策繼子繼母區氏生母方氏生于嘉靖甲午八月二十九終于萬曆乙未七月初十享壽六十二妻吴氏合葬沙岡二子　尚政　尚才

明倫士長子母何氏生終葬莫考無嗣

鉞字公甫璇長子母梁氏生于嘉靖丁亥六月初六終嘉靖丙辰六月初六享年三十葬沙岡妻莫考一子　阿二　失傳

鐸字公振璇次子母梁氏　往德慶住

監字公衡璇三子母梁氏生于嘉靖壬辰二月二十九終
莫考葬后岡妻陳氏一子　在思
銳字公進號養闇常長子母長氏生于嘉靖辛卯七月初
二終于萬歷戊子六月初十享年五十七妻本里何氏合葬潤
螺岡繼娶張氏二子　在謙　在忠俱張氏出
鑾字公佩號辛池常次子母張氏生于嘉靖庚子十月十
三終于萬歷戊子六月十九享年四十九妻大杏張氏合葬黄
泥地二子　在德　在誠
大山字公仰號合岡文繼子繼母黄氏生母鄧氏生于嘉
靖甲辰十一月十七終于萬歷乙巳十一月十二行六十二妻
沙水陸氏合葬后岡一子　愈良
大麒字公瑞庠子母陳氏生于嘉靖丁未閏九月初三終于萬
歷己丑七月初五享年四十三葬后岡妻本里陳氏三子　在
簡　在節　在策
大魁字公壯庠長子母鄧氏生于嘉靖壬寅六月初六終

于萬歷庚寅二月二十三享年四十九妻勞邊徐氏合葬沙岡
一子　愈積
大麟字公兆序三子母鄧生于嘉靖戊申九月十五終于
萬歷戊午八月十三享壽七十一妻沙棗潘氏合葬飯籮岡二
子　愈强　愈洪
宗德字以本號近田潔子母陳氏生于嘉靖丁亥五月二
十八終于萬歷丙申十一月二十享壽七十妻何氏合葬蜆殼
岡一子　融

孟房十四世

建和字岳章號樵吾鸞長子母區氏生于嘉靖乙巳正月初六終于萬歷庚戌十月二十四享壽六十六妻本里陳氏合葬后岡二子　觀閏　祖閏

建科字岳文鸞次子母潘氏生于嘉靖乙卯十月初一終于萬歷癸未二月初二享年二十九葬后岡妻杜氏無嗣

建程字岳才號華居鸞三子母潘氏生于隆慶戊辰十月十五終于崇禎癸未七月二十享壽七十六妻杜氏合葬后岡一子　必明

燦字華甫號秀吾大韶子母陳氏生于萬歷甲戌六月初九由吏員初授本省信宜縣倉大使給由升授潮廣沅陵縣巡司終于天啓丙寅八月初三享年五十三妻寨岡村嚴氏合葬大坑岡無嗣

充字仲甫號九章大夏長子母何氏生于嘉靖癸亥七月二十七終于永歷己丑二月十九享壽八十七妻大沙劉氏合

葬后岡東向二子　柱南　柱東

袍字瑞甫大夏次子母何氏生于隆慶戊辰二月二十二終于萬歷辛丑七月十九享年三十四妻西城游氏合葬后岡無嗣

襲字相甫大夏三子母周氏生于萬歷丙子四月十二終于萬歷辛丑十一月二十七享年二十六妻石龍村區氏合葬后岡無嗣

袍字瑞甫大夏四子母周氏生于萬歷壬午妻馮氏終葬莫考一子　柱國

裴字維甫大夏五子母周氏生終葬莫考妻本里方氏

建臣字士忠號思行開長子母梁氏生于嘉靖癸丑七月初二終于萬歷癸丑六月十一享壽六十一妻鹿大岡陳氏合葬后岡無嗣

建賓字士朋號慕山開次子母梁氏生于嘉靖乙卯十一月二十一終于萬歷甲寅四月二十二享壽六十一妻基寮祁氏

續娶心頭朗劉氏合葬后岡三子　倉敖　祁氏出　聚劉氏出
建候字士伯開三子母梁氏生于嘉靖巳未五月十八終
于萬歷庚戌十一月二十享年五十二妻大棗高氏合葬后岡
無嗣
太奇字超共文統長子母劉氏生于萬歷巳酉四月十一
終于順治戊子六月初五享年四十妻石牛岡蘇氏合葬后岡
一子　鼎卜
正奇字問共文統次子母劉氏生于萬歷丙辰十月十五
吏員終于順治戊子六月初五享年三十三妻區氏合葬后岡
二子　祖受　帝受
三奇字　文繞三子母關氏生于萬歷戊午七一十終葬莫
考失傳
太社字元畀號懷富有文緒長子母馮氏生于萬歷丁未
八月二十終于順治丙申十一月初四享年五十九葬屈龍岡
妻吴氏無嗣

義社字文巽文緒次子母馮氏生于萬歷壬戌四月初三
終于順治己亥十二月二十四享年三十八卜葬沙岡妻丹竈
方氏別邊一子　喜卜
志聰字啓元號履和文綸長子母徐氏生于萬歷辛丑十
月初十妻順德綸滘關氏終葬莫考二子　真誠　真德
志睿字啓著號順和文綸次子母徐氏生于萬歷乙巳四
月初十妻小杏黄氏終葬莫考一子　有真
甲科字岳英文充子母陸氏生于嘉靖甲子五月二十終于萬
歷丙寅四月初二享壽六十三妻大仙岡陳氏合葬后岡一子
必誠
鳳翥字瑞龍號補潭衣綬子母妗氏生于嘉靖丁未八月
初七終于萬歷乙卯九月十六享壽六十九妻沙浦杏陳氏合
葬潤螺岡二子　積成　積通
廷翰字思敬號存誠秀芳子嫡母何氏生母鄧氏生于萬
歷癸酉四月初八終于萬歷丁巳七月十二享年四十五充布

政使司妻本里方氏合葬丹竈陸屋岡東向繼娶馮氏三子
積學 積明 積睿俱方氏出
從善字遴元衣袖長子母陸氏生于嘉靖己酉十月初五
終于萬歷癸卯五月二十一享年五十五妻西城陳氏合葬沙
岡二子 戊戌 祖恩
從正字逾元號方塘衣袖次子母陸氏生于嘉靖壬子正
月初五終于天啓乙丑三月二十一享壽七十四正月初五終
于天啓乙丑三月二十一享壽七十四妻沙寮陳氏逾元葬白
雲岡陳氏葬坑表坑一子 志任
保成字擇元號我玄衣親長子終杜氏生于嘉靖壬子正
月初五終于萬歷丁酉三月初四享年三十八妻陳氏合葬沙
岡三子 敬賢 敬儒 敬修失傳
保榮字澤華號懷泉衣襯次子母杜氏生于嘉靖甲子十
月二十終于崇禎戊寅六月二十享壽七十五妻杜氏合葬烏
飯岡一子 喬先

保惠字澤慶衣襯三子母杜氏生于隆慶己巳九月十一
終于萬歷癸卯四月十二享年三十五妻黃邊蘇氏合葬沙岡
無嗣
獻字士興嘉會長子母甘氏生于嘉靖甲寅正月二十終
于萬歷丙戌二月十二享年三十三妻黃氏合葬后岡無嗣
英字士豪嘉會次子母甘氏生于嘉靖庚申五月二十終
于萬歷辛亥十月十一年五十二妻杜氏合葬后岡一子敨
聖
昌字士平嘉會三子母甘氏五于嘉靖癸酉六月十一終
于萬歷甲辰九月初一享年三十三妻陳氏合葬后岡無嗣
才字士富嘉會四子母甘氏生于萬歷丙子八月二十終
于萬歷辛丑五月十五享年二十六妻周氏合葬后岡無嗣
喬睿字少興嘉賢長子母梁氏生于嘉靖甲子七月初十
終于萬歷丙申九月二十享年三十三妻陳氏合葬后岡一子
芳池

喬萊字少吾嘉賢次子母梁氏生于成歷癸酉八月二十八終于萬歷壬寅八月二十一享年三十妻張氏合葬后岡一子　芳順

喬龍字少騰嘉賢三母梁氏生于萬歷已卯五月十五終于萬歷癸卯十一月二十九享年二十五妻張氏合葬后岡無嗣

高字少遠嘉志長子母區氏生于嘉靖丙寅八月十五終于萬歷丙申九月二十一享年三十一妻徐氏合葬沙岡無嗣

亮字少明嘉志次子母區氏生于萬歷癸酉六月十九終于萬歷乙卯五月二十一享年四十三妻杜氏合葬后岡二子復龍　復鳳海南住

富字少潤嘉志三子母區氏生于萬歷庚辰正月十三妻李氏繼娶蘇氏終葬莫考無嗣

嵩字少芳嘉忠長子母陳氏生于嘉靖癸亥八一十一終于萬歷癸亥九月二十九享壽六十一妻孔氏繼娶陳氏合葬

后岡一子　祖榮孔氏出

岫字少嶺號秀山嘉惠次子母陳氏生于隆慶庚午七月十三終于順治辛丑二月十一享壽九十二妻大仙岡陳氏合葬上坑岡一子　觀榮

岐字少德嘉惠三子母陳氏生于萬歷癸酉三月十八終于崇禎癸未八月十一享壽七十一妻陳氏繼娶吴氏合葬莫考無嗣

山字少清嘉惠四子母陳氏生于萬歷庚辰九月十七終于萬歷乙卯十月二十四享年三十六妻吴氏合葬后岡一子能榮

良璧字少玉嘉善長子母蘇氏生于萬歷丙戌六月初四充德慶州據未滿終于萬歷壬子五月十一享年二十七妻勞氏合葬后岡一子昌胤

瑞通字少孚號爾珍嘉善次子母蘇氏生于萬歷戊子十月十七天姿卓犖學問淵深博二酉足三余機杼家風士林仰

其八斗文章臺閣游泮屬于新城屢試棘圍滯于烏蘆推為族長綜理祀典豐儉適宜鈐刺子侄矩度咸遵終于順治戊子九月二十三享壽六十一妻鄧氏妾陳氏合葬伏水岡一子　上合三代俱附祀孟房祠

岩字少昂嘉善三子母蘇氏生于萬歷乙未七月初十終于萬歷戊午十月初四享年二十四妻關氏孀居矢志淑慎事姑温柔無子錫胤嗟乎上殤三從無望一念堅操直比題黄鵠以見貞吟孤燕以勸節循守家規美著鄉族經捐嘗銀旌表以為孝節者勸合葬后岡子　錫胤早亡

峰字少峰嘉善四子母蘇氏生于萬歷丁酉十一月十九終于崇禎癸酉十月初四享年三十七妻區村區氏合葬后岡無嗣

岑字少岳號太宇嘉榮長子母陳氏生于隆慶壬申十一月十三充番禺縣據終于天啓辛酉十月十八享年五十妻鷓鴣田龔氏繼娶陳氏合葬后岡二子　洪才　洪能俱龔氏出

峻字少巒嘉榮次子母陳氏生于萬歷戊寅二月初五終
葬考妻灣頭杜氏合葬后岡一子　洪貞
于廷字元秀號茂吾鳳子母何氏生于嘉靖乙卯十一月
二十四終葬考妻許氏繼娶聶氏合葬葬考二子　尚俊
尚文俱許氏出
真寧字士超太序子　失傳
真諒字士明太禎長子失傳
真才字敬先太禎次子失傳
懋勷字業先太保長子母潘氏生于嘉靖乙未九月十一
終于萬歷乙卯八月十五享年四十五妻杜氏合葬后岡三子
顯麒　顯麟　顯鳳
懋元字卓先號小灣太保次子母徐氏生于嘉靖庚戌十
月初七終于萬歷癸丑十一月十四享壽六十四妻符氏合葬
后岡一子　顯龍
懋樂字景先號來峰太保三子母徐氏生于嘉靖甲寅十

月二十八妻赤勘陳氏終葬莫考一子　顯豸
　懋聰字智先太盛子母何氏生于嘉靖壬戌八月十八妻
徐氏終葬莫考二子顯雁　有科
　懋師字俊先太能長子母杜氏生于萬曆壬申十月二十
六妻陳氏繼娶李氏終葬莫考二子　太卿
太傅　俱李氏出
　懋觀字明先太能次子母杜氏生于萬曆癸丑八月二十
八妻謝氏終葬莫考二子　文錦　文才
　懋帶字志魁朋諒長子母林氏生于萬曆癸丑終葬莫考
妻葉氏一子　癸姑
　懋閏字志賢朋諒次子母林氏生于萬曆丙子九月初十
妻　氏終葬莫考無嗣
　懋德字興道太奇長子母梁氏生于隆慶戊辰十月二十
終于萬曆丁巳十二月二十享年五十妻李氏合葬隔海岡二
子　妙孫　妙華

懋倫字興傳太奇次子母梁氏生于萬歷乙亥八月初九
終于順治戊寅九月二十四享壽六十四妻杜氏合葬后岡三
子　妙言　妙貴　妙昌
懋信字興忠太慶長子母倫氏生于隆慶壬午十二月十
四妻何氏終葬莫考一子　公遇
懋儀字興禮太慶次子母倫氏生于萬歷癸酉八月初一
妻梁氏終葬莫考一子　公位
元興永隆子　元振永墜長子　元楚永墜次子　元
漢永墜三子　元信永墜四子以上五人俱失傳
正夫字壽永文時長子母　氏生于終葬莫考一子　奇魁
信夫字　文時次子母　氏生終葬妻莫考二子　茂魁
茂熙
猷夫字　文時三子母　氏生終葬妻莫考二子　世顯
相顯
順夫文時四子母　氏生終葬妻莫考一子　宛真

應龍字中理號樂吾文本長子母　氏生終葬妻莫考應
貞字中吉文本次子母　氏生終葬妻莫考
應昌文清長子母　氏生終葬妻莫考一子　超賢
應鳳文清次子母　氏生締造葬妻莫考一子　超能
應熬文清三子母　氏生終葬妻莫考
乾夫元憲長子母　氏生終葬妻莫考二子　象朝　象麟
麗夫元憲次子母　氏生終葬妻莫考二子　象麒　象駿
廷佐武選長子母　氏生終葬莫考　無嗣
道佐武選次子母　氏生終葬妻莫考四子　光宗　耀
宗　顯宗　廣宗
理佐武選　三子母　生終莫考無嗣
紹佐武選四子母　氏生終莫考無嗣
萬英字名儒號拔宇武振子母何氏信宜癢生妻張氏生
終莫考二子　景俊　景先
萬策字名元號肖宇武信子母　氏信宜癢生生終葬妻

莫考二子　景倫　景化
孟科字高賢錦子母朱氏生于嘉靖甲子十一月初三終
于萬歷甲寅十三月十三享年五十一妻九江陳氏合葬九江
長勘頭一子　求
亞莊字尚才粤子母朱氏生于嘉靖庚子四月初八終于
萬歷辛丑十二月二十享壽六十二妻九江朱氏合葬九江長
勘頭
亞為字尚允喬子母陳氏生終葬妻莫考
孟松字尚清明康子母張氏生于嘉靖庚申十一月二十
妻梁氏一子　志良
現字崇修號厚泉明海長子母鄧氏生于萬歷丁丑八月
十二終于崇禎癸未二月二十二享壽六十七杜氏繼娶郭氏
合葬黄泥地一子　泰來郭氏出嫡侄三槐建祠囑田畓主永
遠拜祭
瑞字崇貴號寅初明海次子母鄧氏生于萬歷乙卯十月

初三終于崇禎乙亥十一妝九享年五十七妻灣頭杜氏合葬竹逕新社岡坐辛向乙之原一子　三槐

珍字崇爾號素直明海三子母鄧氏生于萬歷壬午八月十一終于崇禎丙子七月初二享年五十五妻蘇氏繼娶西城陳氏合葬殼岡無嗣嫡侄三槐建祠囑田同史厚泉永遠流祭

喜字崇慶號裕波明東長子母區氏生于嘉靖庚申八月初五終于萬歷庚午十月初四享年三十一妻馮氏合葬后岡無嗣

嘉字崇惠號冲宇明東次子母區氏生于隆慶己巳一月初九終于崇禎癸酉四月初八享壽六十五妻區氏合葬丹竈岡坐庚向申之原三子　兩香　兩松　兩柏

吉字崇昌號貞宇明東三子母區氏生于萬歷戊寅五月十四終于崇禎己卯十月二十四享壽六十二妻灣頭杜氏繼娶何氏合葬沙岡三子　兩鎮　兩銘杜氏出　兩監何氏出

懿字崇牽號素敏明東四子母區氏生于萬歷己卯九月

二十四終于天啓壬戌十月十四享年四十四妻蘇氏合葬沙
岡西向三子　兩奇　兩性　兩徽

志字崇量號信宇明東五子母氏生于萬歷壬午八月初
九日終于天啓甲子八月初一享年四十三妻竹逕關氏合葬
岡嘴二子　兩鳳　兩鷄

聖字崇道號養吾明伏長子母陳氏生嘉靖甲子四月初
四終于崇禎戊寅二月初三享壽七十五妻周氏合葬逕新社
岡乙向一子　兩儀

賢字崇德號寅宇明伏次子母陳氏生于隆慶辛未八月
二十二由吏員初授本省瓊州府儋州昌化縣倉大使給由陞
授江西贛縣磨刀寨巡宰卒于崇禎甲戌十一月初三享壽六
十四妻杜氏合葬岡嘴二子　兩一　兩泰

會字崇遇號秉宇明伏三子母陳氏生于萬歷癸未七月初七
終于天啓壬戌十一月二十享年四十妻西城游氏合葬岡嘴
三子　兩元　兩端　兩瑞

哲字崇智號宜竹明啓子母徐氏生于嘉靖庚申十一月
二十八終于萬曆己酉十一月二十三享年五十妻楊氏合葬
沙岡無嗣附祀凫江公
萬華字崇兆號桂庭明聰子母王氏生于萬曆丁酉四月
十四終于天啓丙寅五月二十享年五十妻鄧氏合葬黄泥地
一子 丙魁
英字崇泰號海庭明弟長平陸氏生于嘉靖辛酉十一月
二十七終于天啓辛酉十月十四享壽六十一妻李氏繼娶陸
氏合葬省城東山一子 師周李氏出
杰字崇俊號秀庭明弟次子母陸氏生于嘉靖癸亥九月
二十終于萬曆丁巳十月十九享年五十五妻省城梁氏合葬
沙岡西向無嗣
大進字傳翰號信吾帝堯長子母方氏生于萬曆壬寅四
月十二終于順治壬辰四月十二享年五十一葬大坑北向妻
猕杜氏二子 觀英 觀顯

大朝字傅敬號悦山帝堯次子母方氏生于萬歷丙午八
月二十五終于順治丁酉三月初九享年五十二小葬榕山岡
妻陳氏一子 觀逵
大猷字傅愛號擢吾帝堯三子母方氏生于萬歷天酉六
月二十九妻竹逕龍氏一子觀華
子確字汝實深長子母高氏生終葬妻莫考二子 聖元
聖球俱失傳
子能字汝智深次子母高氏生于嘉靖乙丑九月初五終
于萬歷乙卯十月二十一享年五十葬大地妻陳氏一子 聖
明
子練字汝真忠長子母何氏生終莫考無嗣
子結字汝澄忠次子母何氏生于喜靖戊子七月十七終
于萬歷庚寅十一月十五享壽六十三妻陳氏合葬沙岡一子
聖學
子桊字國雄三志子母孔氏生終葬莫考無嗣

大經字理基孔曾長子母徐氏生于嘉靖辛丑十月十三終
于隆慶戊辰五月二十九享年二十六葬后岡妻黃氏無嗣
大本字立基號悦林孔曾次子母徐氏生于嘉靖癸卯九
月二十九終于萬歷壬子九月十三享壽七十妻潘氏合葬巷
邊無嗣
大奇字瑞基孔曾三子母徐氏生于嘉靖辛亥四月二十
二妻陳氏終葬莫考無嗣
大堯字禹基孔曾四子母徐氏生于嘉靖癸丑四月初二
終于崇禎庚午二月二十享年七十八妻陳氏合葬巷邊三子
萬和 萬舉 萬雄
思唐字仰動號肖灣孔賢長子母梁氏生嘉靖甲寅六月
二十八終于萬歷乙未四月二十五享年四十二妻白坭陳氏
葬巷一子 應祖
思庸字仰替號樵南孔賢次子母梁氏生嘉靖丙辰十一
月三十吏員未滿終于萬歷乙丑四月初九享年三十四葬巷

邊妻區氏一子　應廣

思康字仰衛號念灣孔賢三子母梁氏生于嘉靖壬戌十
二月二十九終于萬曆壬辰十月二十九享年五十五妻竹逕
關氏合葬巷邊五子　應時　應昭　應暉　應曙　應耀

豸字崇威孔顔長子母馮氏生于嘉靖壬子十二月二十
終于萬曆戊寅八月初八享年二十七妻薛氏合葬巷邊立一
子　珩

成章字崇化號達吾孔顔次子母馮氏生于嘉靖甲申正
月十五充提舉司縣據兩考吏　滿歸田終于崇禎癸酉三月十
六享年八十妻陳氏繼娶梁氏潘氏五子　圭　珩出繼　瑜
陳氏出　介　召梁氏出

替字才興文逵子母杜氏生于嘉靖乙卯三月二十一終
于萬曆庚戌八月初四享年五址六妻陳氏合葬松岡三子
祖純　祖善　祖德

綱字吉號接岡壬逢長子母梁氏生于嘉閏丙寅八月初

四妻陳氏終葬莫考一子　萬盛
組字崇賓士逢次子母梁氏生于萬歷甲戌十月十一妻
陳氏終葬莫考無嗣
戊孫字崇樸士昂子母梁氏生于萬歷戊寅四月二十終于天
啓癸卯九月二十四享年四十六妻楊氏合葬白雲岡一子
應勝
思字才孟士教子母陳氏生于萬歷戊子六月十二終于
崇禎壬午五月初四享年五十五妻陳氏合葬白雲岡二子
萬參　萬積
在滚字才隆道通長子母張氏生于嘉靖甲寅七月二十
四終于萬歷癸巳八月二十七享年四十妻林氏合葬松岡一
子　居閏
榮字才華號心愚道通次子母陳氏生于嘉靖戊午五月
十六由吏員考滿歸田奉例遥授省祭冠帶華身訓子有方終
于萬歷已未二月二十享壽六十二妻關氏合葬屈龍岡西向

二子　應杰　應選
綬字才卓號念愚道通三子母陳氏生于喜靖庚申七月
十六終于崇禎壬申年二月十六享壽七十三妻梁氏合葬大
坑四子　應芳　應麒　應麟　應鳳
衿字才立道通四子母陳氏生于隆慶丁酉十月二十七
終于萬歷庚寅三月十九享年二十四葬松岡妻張氏一子
閏孫
順字才昌號意如道舉子母張氏生于嘉靖戊午七月二
十七終于萬歷庚申十月十二享壽六十三葬屈龍岡妻基寮
陳氏繼娶方氏俱葬大坑岡三子　大聰　大明　大成俱陳
氏出
蔭字才華曰奇平陸氏生終莫考無嗣
士緑字以貴益長子母梁氏生嘉靖甲午七月初六終于萬
歷乙巳十二月二十享壽七十二妻馮氏合葬沙岡一子　尚
允

士功字以奇益次子母梁氏生終莫考無嗣

阿六盤子母陳氏生于嘉靖甲寅冲霞住

士德字朝容標子母何氏生于嘉靖戊戌十月二十六終

于萬歷戊戌五月二十二享壽六十一葬樂地妻林氏一子

庚科

士志字朝亮明爵子母劉氏生于嘉靖乙卯八月十六終

于萬歷乙巳五月十八享年五十二妻李氏合葬樂地三子

文科　文耀　文炳

仲房十四世

學孔字道焯號質齊尚賓長子母蘇氏生于嘉靖甲午六月二十八終于萬歷乙巳六月二十五享壽七十二妻大樂張氏合葬大坑西向之原繼娶大樂梁無嗣

學程字道南號遂齊尚賓次子母蘇氏生于嘉靖甲辰正月初十終于天啓癸亥閏十月十八享壽八十妻大東張氏合葬大坑三子　志豪　志高　志亮

學顔字道純號秀峰尚賓三子母蘇氏生于嘉靖丙午八月二十四終于萬歷壬子二月二十四享壽六十七妻勞氏合葬三水新生禾婆岡西向之原三子　思明　思聰　思恭

亞八字道弘節子母梁氏生于萬歷乙卯八月十四失傳

學文字道宣號松屏滚衣長子母周氏生于嘉靖辛亥六月十八終于萬歷庚戌八月二十一享壽六十妻蘇村陳氏合葬黄邊岡一子　昌齡

學曾字道誠號松宇滚衣次子母周氏生于嘉靖乙未二

月初二終葬莫考妻杜氏二子　仲榮　仲禄　仲達
學臯字道著滚衣三子母周氏生于嘉靖庚申四月十四
終于萬歷乙未九月二十七享年三十六妻杜氏合葬后岡無
嗣
大鵬字時顯號達泉天附子母甘氏生于嘉靖丙申四月
十六充三水縣據終于萬歷丁酉九月二十享壽六十二妻潘
氏合葬沙岡無嗣
大鴻字時賓號敬山天興長子母麥氏生于嘉靖庚戌正
月初三終于萬歷癸亥五月初十享壽七十四妻陳氏合葬沙
岡三子　萬科　萬積　萬秩
大雁字時章天興次子母李氏生于嘉靖終葬莫考勞氏
沙岡西向之原一子　萬程
履誠字道旋號吉臺文明長子母何氏生于嘉靖戊午四
月二十終于萬歷乙丑八月初三享壽六十八葬沙岡妻麥氏
一子　君程

履祥字體旋號念峰奇鳳長子母梁氏生于嘉靖甲寅三月十五充東莞縣據終于萬歷壬辰三月初一享年三十九妻石涌張氏合葬沙岡大地二子　應鸞　應鷚

履德字體賢奇鳳次子母梁氏生嘉靖丁巳九月十一終于萬歷丙戌八月二十享年三十葬莫考妻梁氏無嗣

履元字體乾奇鳳三子母梁氏生于嘉靖丁巳九月三十終于萬歷甲午七月初七享年三十二妻岡頭梁氏合葬沙岡三　應亨　應豪　應杰

為典字　亞道長子母潘氏生終葬莫考妻冲霞麥氏一子　芝賢　大岸住

為經字　亞道次子母潘氏生終葬莫考妻陳氏立一子學賢

為策字　亞道三子母潘氏生終葬莫考妻孔邊方氏二子　玉賢　學賢出繼

履智字　儀鳳子母李氏生終莫考

有麟字樂瑞保長子母李氏生終莫考

有鸞字樂和保次子母李氏生于萬歷甲戌八月十四終

于萬歷丙辰五月二十七享年四十三妻西城陳氏繼娶劉氏

無嗣

有鳳字樂鳴號敬江保三子母李氏生于萬歷庚辰八月

二十三終于順治戊子九月二十享壽六十九葬廣城外三元

里妻黄氏四子　應爵　應文　應熙　應奇

孔恒字　亞黑子母　氏生于嘉靖庚申十月十七終于

萬歷丁未正月二十三享年四十八葬莫考妻冼氏二子　孟

芳　仲芳

萬新字瑞榮號秀亭阿紀長子母梁氏生終莫考妻陳氏

繼娶林氏一子　應德

萬化字瑞廉阿紀次子母梁氏生終葬莫考妻霍氏二子

日松　日柏

紹一字啓純號敬軒虞治長子母何氏生于嘉靖戊甲六

月三十治易經癸酉科考縣府道俱選案首入科后送縣學癢生連歷九科不第至其子萬象進癢曰讓后生為之矣遂休退終于萬歷壬寅十一月二十六享年五十五葬高明縣食禄堂山妻游氏繼娶方氏俱葬西邊坑西向之原二子　萬象　萬達俱方氏出

紹甫字體聖號樵軒虞治次子母何氏生于嘉靖丙辰六月二十五終于天啓癸亥十一月十六享壽六十八妻龍池梁氏合葬屈龍岡二子　述綸　述經

大卓字宏立號對樵士魁長子母李氏生于嘉靖戊八月初十終于萬歷丙辰五月十二享年五十九妻大渦張氏合葬屈龍岡池堂園一子　明耀

大益字宏進號念山士魁次子母李氏生于嘉靖癸亥五月二十二終于萬歷丁酉十月初一享年三十五葬蘇坑浮華山妻西城游氏葬大坑二子　明興　明德

大受字宏任號雲臺士魁三子母李氏生于嘉靖丙寅八

月十六終于萬歷辛亥九月十九享年四十六妻杜氏合葬蘇
坑浮華山四子　明奇　明遇　明遠　明運
彩字吉甫號東臺婦芳長子母陳氏生于嘉靖巳未六月
初五終于萬歷丁巳八月十六享年五十九葬沙岡妻何氏繼
娶劉氏無嗣
彬字章甫雪芳次子母陳氏生于嘉靖甲子二月十三終
葬莫考無嗣
彪字才甫號五雪芳三子母陳氏生于嘉靖戊辰終莫考
妻吴氏合葬沙岡四子　遇真　逢真　見真　遂真
酉科字賢甫號見臺雪衷子母黄氏生于萬歷癸酉九月
初四終于崇禎壬午三月十六享壽七十妻本里陳氏合葬地
堂園二子　細九　細十
科貴字擢喬號榕臺孟長子母陸氏生終葬莫考無嗣
科進字擢奇孟次子母陸氏生終葬莫考無嗣
貴德字榮道彦修長子母陳氏生于嘉靖癸丑九月二十

終于萬歷癸未七月十八享年三十妻孔氏無嗣

貴唐字榮善彦能長子母陳氏生于嘉靖庚申十月初十終于萬歷丙辰九月十一享年五十七葬莫考妻杜氏無嗣

貴定字體義彦能次子母陳氏生終葬莫考無嗣

于瑞號逸心灌子母梁氏生于嘉靖癸未十二月十九終于萬歷癸巳二月二十五享壽七十一妻梁氏合葬爛石岡尾一子瓊璋

瑶字與成號章軒毓子母黄氏生于嘉靖丁丑二月二十四少而聰敏詩書一覽即成誦善屬文工詩援筆即成著有奚囊集傳于世萬歷申辰重修譜系互相較正脈絡分明終于萬歷丙午三月十六享壽七十妻何氏合葬沙岡二子　鵬舉鶴舉

大廉字朝介號獅峰道志長子母潘氏生于嘉靖巳丑二月二十二由吏員兩考役滿終于萬歷丁酉三月初五享壽六十九妻徐氏合葬烏飯岡無嗣

大德字朝錫號念東道志次子母潘氏生于嘉靖甲辰四
月初八終于天啓壬子十二月二十一享壽七十九妻西城陳
氏合葬烏飯岡四子 遇中 遇才 遇聖 遇能
師堯字朝熙道盛長子母區氏生娶終葬莫考無嗣
師禹字朝瑞道盛次子母張氏生于嘉靖戊戌三月十二
終葬莫考妻梁氏二子 辛 鳳 大逕住
大化字朝順號愛泉道奇長子母孔氏生于嘉靖辛亥九
月十一終于萬曆丁卯正月十四享壽七十七妻何氏合葬大
坑三子 遇隆 遇倫 遇俊
大冬字朝節道奇次子母孔氏生于嘉靖丁巳十一月二
十二終于萬曆戊戌十二月初一享年四十二妻杜氏合葬沙
岡無嗣
大能字朝振道寧長子母孔氏生于嘉靖戊子十二月初
七終于萬曆丙申五月二十四享壽六十九妻陳氏合葬沙岡
三子 申 良 直

大義字朝儀道寧次子母孔氏生于嘉靖辛卯八月二十
二終于萬曆丙申十一月初一享壽六十六妻大渦謝氏合葬
沙岡二子　貴科　貴定

大壯字朝堅道本子母陳氏生于嘉靖戊午九月十三終
于萬曆壬子八月二十二享年五十五妻吴氏失傳

大文字朝彥號譽涯道東長子母梁氏生于嘉靖戊午十
一月初一終于崇禎癸未七月初七享壽八十六妻橫江劉氏
合葬沙岡三子　遇貴　遇相　遇棟

大章字朝樂號悦吾道東次子母梁氏生于嘉靖癸亥三
月初四終于萬曆己卯正月初七享年五十七妻陸氏合葬大
坑西向二子　遇杰　遇彬

縉字朝殷李安長子母陳氏生于正德乙亥二月初八終
于萬曆癸未十二月十七享壽六十九妻黄氏合葬沙岡二子
文元大仙岡住　文貴

蘊字朝接號懷東李安次子母陳氏生于正德己卯四月

二十五終于萬歷乙未五月初十享壽七十七妻陳氏合葬后
岡二子　著彩　著慶
通字朝申李安三子母陳氏生于嘉靖癸未四月初二終
于萬歷丙申三月二十四享壽七十四妻吴氏合葬沙風三子
文正　文恒　文兆
迪字朝啓李安四子母陳氏生于嘉靖癸未四月初二終
于萬歷庚辰七月十三享年五十八妻鄧氏合葬沙岡一子
太榮
閏字朝學四安子母周氏生于嘉靖甲申八月十八終于萬歷
癸酉十二月二十九享年五十妻湯氏合葬沙岡一子　文裔
新生住

季房十四世

健字于壯號活源英子母陳氏生于嘉靖乙亥七月十八終于萬歷乙亥五月十九享壽六十一葬沙岡妻孔邊吴氏葬蜆殼岡繼娶林氏葬沙岡一子　師教吴氏出

周字于時號慕涯葬子母杜氏生于嘉靖辛丑二月二十九終于萬歷庚戌八月十二享壽七十妻伏水陳氏繼娶西城潘氏三子　萬高　萬方　希立俱陳氏出

愛字于敬號樵順善和長子母陳氏生于嘉靖丁六月初七終于天啓丙寅六月十二享壽七十妻李氏合葬沙岡三子萬興　萬足　萬林

慶字于偉號敬樵善和次子母陳氏生于嘉靖壬戌十月初二終于崇禎戊辰七月二十七享壽六十七驪氏合葬沙岡二子　萬勝　萬有

爰字于珍號心樵善和三子母陳氏生于嘉靖乙丑四月十八終于天啓乙丑四月十二享壽六十一妻沙水陳氏合葬

沙岡四子　萬境　萬良　萬石　萬嘉出繼

受字于任號仲吾善和四子母陳氏生于嘉靖丁卯十二月二十七終于天啓丁卯十二月二十七享壽六十一妻徐氏合葬沙岡立一子　萬嘉

度字于廊號思樵善和五子母陳氏生于萬歷戊寅十月初五終于崇禎丙子七月二十八享年五十九妻鹿岡李氏合葬沙岡三子　萬先　萬進　萬岳

妙麒字于仰號懷堂宗聖長子母劉氏生于嘉靖丁巳八月初二終于萬歷辛亥九月十二享年五十五妻蘇村陳氏合葬岡嘴二子　萬程　萬稷

妙麟字于卓號敬泉宗聖次子母劉氏生于嘉靖庚申五月二十五終于天啓庚申六月二十四享壽六十一妻梁氏合葬榕山岡二子　萬貴　萬慶

妙龍字于蒼號雲從宗聖三子母潘氏生于隆慶已一月初三終于天啓壬戌三月二十六享年五十四妻本里何氏合

葬榕山岡二子　萬聰　萬逵

妙鸞字于鳴號敬東宗聖四子母潘氏生于隆慶壬申八
月二十九終于萬歷戊午正月二十五享年四十七妻吴氏合
葬岡嘴一子　萬置

妙鵠字于集宗聖五子母潘氏生于萬歷丁丑四月二十
六終于萬歷甲寅十一月十八享年三十八妻黄氏合葬榕山
岡三子　萬秩　萬益　萬宜

謙字于讓號仰吾寧子母周氏生于嘉靖壬子九月十六
終于崇禎辛未十月二十七享壽八十妻吴氏合葬岡嘴二子
萬寶　萬財

偲字于信長子母梁氏生嘉靖庚戌八月初二終于萬歷
丙午正月初十享年五十七妻本里區氏一子　萬理

儒字于智喬次子母梁氏生于嘉靖戊午九月初五終于
萬歷戊子九月初八享年三十一葬蜆殼岡妻林氏一子萬善

佳字于俸喬三子母梁氏生于隆慶癸酉四月初二終于

天啓甲子六月初二享年五十二妻莊邊張氏繼娶鄧氏一子
萬瑞妾何氏出
芳从字衆麗號培原秉常長子嫡母陳氏生母許氏生于
萬歷庚辰四月十五充聞司據兩考役滿赴京給由　户部福
建司當該天啓甲子秋考中正八品給引回籍呼選終于天啓
庚午九月二十五享年五十一妻鳳果周氏繼娶龍池歐陽氏
合葬沙岡無嗣
芳岩字從基秉常次子母陳氏生母許氏生于萬歷乙酉
閏九月初一終于順治乙酉四月二十八享壽六十一妻丹竈
謝氏合葬沙岡一子　萬軸
芳泰字從約秉禮子母陳氏生于嘉靖辛酉二月十三終
于萬歷庚戌三月初七享年五十妻陳氏合葬后岡二子　萬
為　萬作
芳梅字從庚秉義長子母吴氏生于萬歷丁丑八月二十
七終于崇禎癸未二月十六享壽六十七妻華夏馮氏合葬沙

岡一子　萬采
　芳柏字從堅號啓南秉義次子母吴氏生于萬歷庚辰十月二十五終于天啓乙丑四月十二享年四十六妻勞氏合葬后岡一子　萬鵬
　芳檜字從規號文波秉仁長子母杜氏生于隆慶壬申八月十三終于萬歷丙四月初三享年三十五妻區氏合葬后岡一子　萬乘
　芳梧字從圜仁次子母杜氏生于萬歷戊寅八月初十終于萬歷壬午三月十六享年二十九葬蜆殼岡妻林氏葬上坑岡一子　萬育
　芳槐字從望號會吾簫仁三子母孔氏生于萬歷戊子十一月二十終于康熙癸卯六月二十五享壽七十六妻大沙河氏合葬蜆殼岡一子萬表
　芳槐字從攀號樵榕秉智長子母陳氏生于萬歷辛巳七月初五終于順治乙丑五月初五享壽六十五妻梁氏合葬飯

羅岡一子　萬年
芳桂字從標號霞蒼秉智次子母陳氏生于萬曆乙酉二
月二十六終于順治甲申十月二十六享壽六十妻薛氏合葬
后岡嘴一子　萬昌
芳芷字從高號秀吾秉潤子母孔氏生于萬曆乙丑六月
初九終于順治甲申三月初七享年五十六妻伏水陳氏合葬
蜆殼岡二子　萬彪　萬周
武孫字于約國洪子母黄氏生于萬曆甲戌三月初四終
于崇禎乙卯正月十八享壽六十六妻順德龍潭村楊氏合葬
后岡四子　萬庇　萬佑　萬宣　萬佑
達芳字于秀號峻頂國英長子母梁氏生于嘉靖乙丑年
五月十三終于崇禎乙巳十一月初一享年六十五妻大沙簡
氏合葬岡嘴一子　萬策
達禮字于存號信頂國英次子母氏生于萬曆壬午十二
月十六終于崇禎乙卯八月十四享年五十八妻大樂陸氏合

葬榕山岡一子　萬載
達義字于節號仁頂國杰繼子繼母孔氏生母帥氏生于
萬歷丙子十月初二終天順治丁亥一月十三享年七十三妻
沙水劉氏合葬榕山岡一子　萬顯達名字于志號樸居國賢
長子母帥氏生于嘉靖甲子九月十四終于泰昌庚申十一月
二十一享年五十七妻梅步何氏合葬后岡一子　萬禎
達德字于懷國賢次子母帥氏生于萬歷癸酉四月二十
二終于萬歷癸丑九月二十享年四十一妻何氏合葬后岡無
嗣
達上字于高國才長子母陳氏生于萬歷庚辰七月二十
七終于天啓甲子十二月十三享年四十五葬后岡妻伍氏別
適一子　萬邦
達誠字于意國才次子母陳氏生于萬歷庚寅十一月十
一終于崇禎四月十九享年五十一妻蘇氏黄氏合葬岡嘴無
嗣

達積字于充號智頂國榮子母吳氏生于萬歷丁亥正月
初十終于崇禎癸未八月十五享年五十七妻本里陳氏合葬
黎壁園一子　萬烈
遠秋字于賓號直吾國俊長子母嚴氏生于嘉靖癸亥八
月十七終于崇禎丁丑十一月十一享年七十五妻小東何氏
合葬黎壁園一子　萬奇
達和字于順號樂吾國俊次子母嚴氏生于隆慶庚午十
月初九終于萬歷戊午四月十一享年四十九妻梅步何氏合
葬黎譬園二子　萬孚　萬福
泰聰　字崇英號肖堂一見長子母鄧氏生于萬歷辛丑十
月初九終葬莫考妻區氏二子　萬鐘　萬庇
泰貴字　一見次子母鄧氏生于萬歷戊午十一月十三
終葬莫考無嗣
泰聖字崇贊一勉長子母杜氏生于萬歷丙戌七月二十
六終于萬歷丁巳正月十七享年三十三妻本里方氏合葬后

岡一子　萬嵩

泰賢字崇爵一勉次子母杜氏生于萬歷癸巳八月二十

七終于崇禎壬午十月十一享年五十妻蘇氏合葬后岡二子

萬樂　萬禮

泰營字崇號卓吾一明子母冼氏生于萬歷癸巳十一月

十六終于康熙乙巳七月二十享壽七十三妻馮氏合葬后岡

二子　萬勝　萬會

觀志字已隱日泉聖和長子母林氏生于萬歷辛卯十月

二十終于順治戊午九月十四享年五十八妻何氏合葬后岡

無嗣

觀德字裔能號愛泉聖和次子母林氏生于萬歷辛丑戊

戌四月十六終于崇禎癸未四月初四享年四十六妻本里陳

氏合葬后岡二子　祖泰　祖權

觀一字卓能士積子母陳氏生娶終莫考葬后岡無嗣

益進字起隆諭長子母謝氏生于萬歷壬辰六月二十四

終于崇禎壬申九月初九享年四十一妻孔邊吴氏合葬后岡
一子　萬能
益佑字起忻號仰心諭次子母謝氏生于萬歷辛丑二月
十三終于崇禎癸未正月初九享年四十三葬黄坭地妻沙浦
東陳氏二子　萬高　萬遠
益登字起升諭三子母謝氏生于萬歷丙午八月十三終
于崇禎辛巳十二月十三享年三十六妻孔氏合葬黄坭地一
子　萬溢
益勉字起喬號震吾讓長子母歐陽氏生于嘉靖壬寅六
月十四終于萬歷癸巳十二月初二享年五十二妻
妻丹竈謝氏合葬后岡大松園二子　萬物　萬金
益勤字起潛號懷波讓次子母歐陽氏生于嘉靖乙巳九
月十八終于萬歷甲寅十二月初四享壽七十妻大東梁氏合
葬后岡大樺園二子　萬春　萬爵
益謙字起亨號艮吾讓三子母歐陽氏生于嘉靖乙未三

月二十八終莫考妻吉替區氏合葬后岡大松園五子　萬卷
萬壁　萬葉　萬選　萬枝
益方字起正號小江蘊子母陳氏生嘉靖戊午正月初九
終于萬歷丁未二月初一享年五十妻岡頭林氏合葬后岡二
子　萬合　萬詵
益中字起直號樵賓蓋子母劉氏生于萬歷乙亥四月十
九終于萬歷己未十月初七享年四十五葬水井岡妻大仙岡
陳氏繼娶西城陳氏一子　孟祥失傳
益豫字起立號寅堂芝長子母陸氏生干萬歷癸酉六月
初九終于崇禎乙亥九月十四享壽六十三妻蘇村黄氏合葬
黎壁園二子　萬樸　萬信
益敏字起勤號懿堂芝次子母陸氏生于萬歷丙子六月
十一公幼聰慧好讀書上進未逮達秉心質樸養性濟良談經
史愈加精爽觀周易更倍精神樂道躬耕儉積腴田六十余畝
遇明師游學相為博覽年登七十有八通佛山孫胥何紹禎從

化縣學稟生歸鄉設帳一日公策杖進館出袖中已作君臣父子昆弟夫婦朋友諸篇請以就正禎閱具見文氣超常逐作搴芳集序以紀其文至今猶存終于順治甲午二月十七享壽七十九妻大果杜氏合葬沙岡西向之原三子　萬雅　萬性　萬伍

益敬字起聚號心庭蘭長子母馮氏生于隆慶戊辰四月十八終于萬歷甲辰十二月二十享年三十七妻杜頭周氏繼娶劉氏合葬黄坭地周氏葬后岡無嗣

益彰字起明號耀庭蘭次子母馮氏生于萬歷丙戌十月初八終于順治甲申十月二十八享壽六十二妻竹逕關氏合葬飯羅岡一子　萬吉

益吾字起良號意庭蘭三子母馮氏生于萬歷丙戌七月十八終于崇禎癸酉十月初十享年四十八妻石牛岡蘇氏合葬沙岡二子　萬著　萬則

泰德字　義有子母陳氏生于萬歷間終葬莫考高明住

益衆字起鸞壽子母張氏生于萬歷乙亥正月初三妻孔邊
方氏終葬莫考無嗣
綉錦字　汝興子母　氏隨營當伍生終莫考
桂鸞字明陽號素位士麟長子母　氏生于嘉靖辛酉九
月二十三終葬妻莫考三子　萬延　萬壽　萬芳
桂芳字　士麟次子母　氏生終葬莫考無嗣
鄉豸字直端號悄野士成長子母　氏生于萬歷丁丑十二
月二十六終壽葬莫考妻西門陳氏一子　林壽
綉鸞字直瑞號念野士成次子母　氏生于萬歷乙卯六
月十二終壽葬莫考妻沙街何氏廣城南寧府沙街住
君弼字元父號泰如廉子母舒氏生于萬歷壬辰八月二十
一終葬莫考妻龍氏二子嘉靖甲辰八月十一終于萬歷丙子
八月初八享年三十三妻張氏合葬莫考二子　萬翼　萬祺
裕長字茂材號益菴鴻子母李氏生于嘉靖甲辰八月十
一終于萬歷丙子八月初享年三十三妻張氏合葬莫考一子

春
裕新字茂德號少灣鴻次子母李氏生嘉靖丁未七月初
七終于萬歷壬子十月十三享年三十六妻陳氏合葬莫考立
一子　積真
舜臣字永年號廓元鵶長子母周氏生于嘉靖丙辰二月
二十四治書經蒙　學道王考取送廣州府學終壽莫考妻陳
氏妾劉氏三子　道真陳氏出　昌真　慧真俱妾劉氏出
直臣字明魚號仲華鵶次子母周氏生于嘉靖戊午十月
十二終壽葬莫考妻陳氏三子　守真　積真出繼　靜真
廷臣字明諫號五華鵶三子母周氏生于嘉靖壬戌七月
二十七終葬莫考妻彭氏二子　觀保　琰真
周臣字季旦號雲浮鵶四子母周氏生于隆慶己巳年月
十七治詩經番禺縣癢生終于萬歷甲寅十一月二十五享年
四十六葬莫考妻徐氏一子　元真
柱臣字李梁號戾衡鵶五子嫡周氏生母區氏生于萬歷乙未

五月二十一終壽葬莫考妻徐氏一子　社秀

世臣字季尹鷚六子嫡母周氏生母何氏生于萬歷庚子

十月十七本縣癢生終壽莫考妻歐陽氏合葬莫考一子　社長

良臣字　益子母　氏生終葬莫考

帝臣字彦真號石岐鸞子母高氏生于隆慶乙辰十月十

五終葬壽莫考陸氏合葬莫考無嗣

應麟字　鵬字母鄧氏生母黄氏潮陽縣住

宗典字進吾萬超長子母曾氏生于嘉靖甲子三月二十

享年五十一妻曾氏合葬莫考三子　茂良　茂聰　茂英

宗城字經一萬超次子母曾氏生于萬歷乙卯六月初五

終葬莫考妻張氏二子　茂昌　茂文

宗法字接源萬河長子母梁氏生于嘉靖甲子六月十九

終葬莫考妻蘆氏一子　琳

宗延字長源號肖灣萬河次子母梁氏生于萬歷乙亥五

月十三終莫考妻曾氏合葬莫考二子　茂元　茂魁

世儒字宗廣號赤垣萬泰子母關氏生于萬歷庚寅終葬
莫考妻彭氏一子　茂相
一舉字明蘆干儉長子母蘇氏生于萬歷丙子九月二十
七終葬莫考妻陳氏一子　婆孫
秀舉字明昭于儉次子母蘇氏生于萬歷乙卯六月二十
八終壽莫考葬潤螺岡妻黄氏一子　桂珍
茂舉字明后干儉三子母蘇氏生于萬歷丁亥五月初十
終妻莫考葬潤螺岡無嗣
晩舉字明聘于儉四子母蘇氏生于萬歷戊戌十二月三
十終妻莫考葬潤螺岡無嗣
天聖字　復忻子母鄧氏生于萬歷庚子三月二十七終
葬莫考無嗣
養心字明泰號華東有斐長子母蘇氏生于萬歷丙子七
月十九終于順治戊子正月初八享壽七十三蕭氏合葬潤螺
岡一子　桂英

養氣字明通號日東有斐次子母蘇氏生于萬曆辛巳八月十五終于順治乙丑十月初五享壽六十九妻陸氏合葬潤螺岡二子　桂蕚　桂芳

日榮字明豪號君居三才長子母黃氏任廣州溶縣巡簡生終葬莫考妻陳氏二子　社龍　社鳳

日華字明杰號君英帝德繼子繼母鄧氏生母黃氏生于萬曆甲辰九月初六終于順治癸巳十二月初四享年五十妻劉氏合葬蜆殼岡一子　桂雄

尚經字明道號泗涯贊龍長子母鄧氏生于嘉靖壬戌七月十三終于崇禎己巳九月十九享壽六十八妻吴氏合葬上坑岡三子　觀紀　觀伍　觀烈

尚柱字居道號行東贊龍次子母鄧氏生于隆慶己巳四月二十一終于天啓辛酉十月初八享年五十三妻符氏合葬潤螺岡四子　愷　悌　情　性

尚偉字明篆贊臣子母徐氏生于隆慶辛未十一月初一

終壽莫考妻吴氏合葬潤螺一子　萬逞
尚雄字明達號活賓贊文子母鄧氏生于萬歷癸酉十二
月二十六終于順治丙戌五月十九享壽七十四妻何氏合葬
潤螺岡三子　理致　理禎　理常
尚政字明慎贊鵬長子母吴氏生終葬莫考登洲住
尚才字明紀贊鵬次子母吴氏生終葬莫考登洲
在思字叔學號敬岡監子母陳氏生子萬歷乙卯終莫考
葬潤螺岡妻吉贊梁氏三子　萬卓　萬慶　萬旺
在謙字叔鳴號我貞鋭長子母張氏生于隆慶庚午三月
初九充縣據終于萬歷庚子十二月十八享年三十一妻陳氏
合葬后岡無嗣
在忠字叔和號昂霄鋭次子母張氏生于萬歷庚辰十二
月十二終于萬歷壬子七月初二享年三十三葬潤螺岡妻李
氏一子　萬喜
在德字叔肖號存心鏗長子母陸氏生于嘉靖癸亥十二

月十一終于萬歷癸卯八月二十享年四十一妻陸氏合葬黎
壁園無嗣
在戌字叔信鏗次子母吴氏生于隆慶庚午　萬歷
愈良字叔直大山子母陸氏生于萬歷戊寅三月初九終
于萬歷戊申二月十八享年三十一妻梁氏葬莫考無嗣
在簡字叔敬火麒長壬子母陳氏生于萬歷癸酉八月十
五終于萬歷癸卯十二月初五享年三十一妻李氏合葬后岡
無嗣
在節字叔用號念吾大麒次子母陳氏生于萬歷戊寅八
月十五終壽莫考妻黄氏葬后岡無嗣
在策字叔獸號我玄大麒三子母陳氏生于萬歷辛巳七
月二十二終于萬歷丁已九月初三享年三十七妻黄氏合葬
黎壁園二子　祖禎　祖祥
愈積字叔道號念山大魁子母徐氏生于萬歷戊子三月
十一終于順治戊子六月十七享壽　氏合葬沙岡三子

萬安　萬康　萬室
愈强字叔健大麟長子母潘氏生于隆慶己巳十一月初
九終壽莫考妻周氏合葬后岡二子　萬英　萬雄
愈雄字叔度大麟次子母潘氏生于萬歷乙亥十月初八
終于萬歷丁未二月十九享年三十妻馮氏合葬黎壁園無嗣
融字叔平號素純宗德子母何氏生于隆慶辛未九月初
九終莫考妻陳氏合葬蜆殻岡一子　萬實

孟房十五世

觀閏字擇蘆號衍宗建和長子母陳氏生于萬歷丁丑二月十九終于崇禎癸未六月二十六享壽六十七妻金洲郭氏合葬后岡一子　秉悌

祖閏字擇榮建和次子母陳氏生于萬歷已卯十月初九終于萬歷戊午享年四十妻小杏黄氏合葬后岡一子　志德

必明字耀之建程子母杜氏生于萬歷甲辰八月二十終于崇禎戊寅享年三十五妻小泰陳氏合葬后岡一子　有弟

柱南字其藩號守一袞長子母劉氏生于萬歷壬辰十一月十一終于康熙壬寅九月十三享壽七十一葬大坑北向之原妻區村陳氏二子　家裕　家泰出繼

柱東字其翰號屏一袞次子母劉氏生于萬歷甲午十月十三終于天啓丙寅一月二十六享年三十三妻勞邊勞氏合葬大坑北之原立一子家泰

柱國字其邦渥子母馮氏生于萬歷終于崇禎葬莫考妻

大杏杜氏别適一子　家禎
倉字于廪號逸垣建賓長子母暨氏生于萬歷辛巳十一
月二十五終于萬歷壬子一月初五享年三十二妻沙寮杜氏
合葬后岡一子　有志
敎字于堯號逸莊建賓次子母暨氏生于萬歷戊子六月
二十九終于康熙甲辰二月十四享壽七十七妻鷓鴣田龔氏
合葬后風無嗣
聚字于富號閏一建賓三子母劉氏生于萬歷丁酉正月
十七終于順治己丑十一月十一妻沙塘角梁氏合葬后岡無
嗣
鼎卜字建生太奇子母蘇氏生于崇禎丙子十月初十終
于康熙癸卯三月初五享年二十八妻勞氏合葬后岡無嗣
祖受字容生正奇長子母區氏生子崇禎庚辰九月二十
終于康熙癸卯四月初十享年二十四葬后岡妻氏别適失傳
帝受字殿生正奇次子母區氏生于崇禎壬午十一月二

十終于康熙癸丣五月初五葬娶莫考失傳
喜卜字允信義社子母方氏生于順治庚寅三月十九終
于康熙甲午四月初三享壽六十五葬后岡妻竹涌坦吴氏葬
大果東涌岡二子　君志　君惠
真誠字允荷志聰長子母關氏生于崇禎甲戌九月二十
三終于康熙癸卯四月初二享年三十葬莫考妻沙滘何氏别
適無嗣
真德字允文志聰次子母關氏生于崇禎辛巳七月初七
妻勞邊勞氏終葬莫考一子　永壽
有真字允朋志睿子母黄氏生于崇禎戊寅十月初十妻
高要蓮塘村陸氏終葬莫考無嗣
必誠字信之甲科子母陳氏終葬莫考失傳
積誠字九聚號潔波鳳翥長子母陳氏生于萬歷丙子七
月二十五終于萬歷丙午六月十五享年三十一妻陸大岡李
氏合葬白雲岡一子　弘始

積通字允權號純端鳳翥次子母陳氏生于萬曆丙戌正月十一終于崇禎戊寅三月二十五享年五十三妻本里陳氏繼娶區氏合葬潤螺岡二子　弘斐　卓禱俱區氏出

積學字允高號冲漢廷翰長子母方氏生于萬曆癸已十一月二十一終于崇禎戊辰正月二十七享年三十六妻海村杜氏合葬潤螺岡坐巽向乾之原立一子　弘斗

積明字允岐號鳳來廷翰次子母方氏生于萬曆已酉二月初十公終身育讀高尚其志不事玉侯優游自得無愧逸民終于康熙甲子九月初七享壽七十六妻陸里林氏繼娶岡頭梁氏合葬潤螺岡坐巽向乾之原四子　弘翼　弘斗出繼　弘相俱林氏出　弘恭梁氏出

戊成字允立號兩存從善長子母陳氏生于萬曆戊寅十一月初二終于順治己丑九月十五享壽七十二妻鐘氏合葬大坑二子　胤　毓

志任字允達號樂一從政子母陳氏生于萬曆辛卯六月

十六終于順治丁酉十一月十六享壽六十七妻本里吴氏合
葬白雲岡三子　弘祚　弘禮　弘福
敬賢字允聖號念玄保成長子母陳氏生于萬歷甲申十
一月初五終于崇禎辛巳三月十五享年五十八妻本里陳氏
合葬莫考無嗣
敬儒字允明號樂玄保成次子母陳氏生于萬歷辛卯八
月二十終于崇禎癸未六月初二享年五十三葬烏飯岡妻陳
氏二子　祀帝　杜弟
裔先字允章保榮子母杜氏生于萬歷己丑七月十五終
于萬歷戊午五月二十享年三十妻沙塘角梁氏合葬白雲岡
一子　亞帝
敬聖字念宣英子母杜氏生于萬歷辛卯五月十一終于
順治戊子八月二十享年五十八妻丹竈陳氏合葬后岡二子
潤明　善明
芳池字念行號侶樵喬璿子母陳氏生于萬歷己巳五月

十二終于康熙丁巳閏四月十二享壽六十三葬后岡妻大仙
岡陳氏二子　有辛　有科
芳順字念由喬萊子張氏生娶終葬莫考無嗣
瓊龍字　亮長子母杜氏海南住
瓊鳳字　亮次子母杜氏海南住
祖榮字欣然嵩子母孔氏生于萬歷乙酉十月二十終
于崇禎丙子十一月十一享年五十二妻小杳黄氏合葬后岡
五子　紀元　寄元早亡會貫　會選　會超出繼
觀榮字天眷號雲心岫子母陳氏生于萬歷辛丑三月十
五終葬莫考妻麗山孔氏合葬后岡四子　聖志會志出繼禮
志　次志
能榮字天耀山子母吴氏生娶終葬莫考無嗣
昌胤字天翼良壁子母勞氏生于萬歷壬子十一月十一
終于崇禎丙子正月初九享年二十五葬后岡妻薛氏別適立
一子　會超

上合字天然瑞通子嫡母鄧氏生母陳氏生于崇禎辛巳
六月十一終于順治戊戌十一月初二妻張氏合葬后岡立一
子　會志三代俱附祀孟房
洪才字廣達岑長子母龔氏生于萬歷甲午八月二十八
終于崇禎丙子十月初一享年四十三妻本里吴氏合葬后岡
二子　會標　會英
洪能字廣權號蒼悟岑次子母龔氏生于萬歷庚子十二
月初二終莫考妻區村區氏繼娶杜氏合葬坑表坑后岡一子
會初區氏出
洪貞字　峻子母杜氏自幼及長佛山貿易居住生娶終
葬莫考
尚俊字國聖號昆湖于廷長子母許氏生于萬歷已卯六
月初二終葬莫考妻省城陳氏無嗣
尚文字國翰號應臺于廷次子母許氏生于萬歷壬午八
月十七善寫效勞指參鹽課提舉司據轉考隨撥廣州堂典終

于康熙壬寅八月二十六享壽八十一妻省城張氏繼娶陸氏
合葬后岡四子（妾鄧氏）耀禎耀祥張氏出耀禧陸氏出耀
祉妾鄧氏出
顯麒字達英懋勳長子母杜氏生于嘉靖乙丑六月二十
終于萬歷庚戌九月初三享年四十六葬后岡妻本里區氏無
嗣
顯麟字達雄勳次子母社氏生于隆慶庚午七月初
四終于崇禎丁丑四月十一享壽六十八妻上坑李氏合葬
二子　公赦　公敔
顯鳳字達朝懋勳三子母杜氏生于萬歷丁丑三月十一
終于崇禎甲戌二月十一享年五十八妻黃邊蘇氏合葬　三
子宗興　遇興　裔興
顯龍字榮德號達化懋元子母符氏妻大杏李氏生終葬
莫考一子　端宴
顯豸字達權東子母陳氏生于萬歷乙酉七月初三妻李

邊李氏終葬莫考一子　宗廣
顯雁字達程懋聰長子母徐氏生于萬歷已亥十二月二
十八妻沙寮杜氏終葬莫考無嗣
有科字達元懋聰次子母徐氏生于萬歷已丑六月初二
終葬娶莫考無嗣
太卿字懋師長子母李氏生于萬歷乙郊七月十二終葬
莫考無嗣
太付字懋師次子母李氏生于萬歷乙未十一月十五終
葬莫考無嗣
文錦字　懋觀長子母謝氏生于萬歷癸亥七月二十終
葬墓莫考妻　氏一子　宗庇
文才字　懋觀次子母謝氏生于萬歷乙卯十一月十七
終葬莫考無嗣
癸姑字懋帶子母葉氏生娶終葬莫考無嗣
妙孫居恒懋德長子母李氏生于萬歷丁未正月初二終葬莫

考妻　氏一子　亞二下滔住
妙華字懋德次子母李氏生于萬歷壬子四月初一終葬
莫考無嗣
妙言字意恒懋倫長子母杜氏生于萬歷壬子七月初八
終于順治丁亥六月二十八享年三十六葬后岡妻大果何氏
一子　初明
妙貴字敬恒懋倫次子母杜氏生于萬歷甲寅二月十九
妻本里吴氏繼娶黎岡黎氏終葬莫考無嗣
妙昌字尚懋倫三子母杜氏生于萬歷戊午五月初十妻
沙頭岸何氏終葬莫考三子　真明　二明　三明
公遇字懋信子母何氏生于萬歷癸丑十二月初二終葬
莫考無嗣
公位字懋信儀子　母梁氏生于萬歷癸丑十二月初二葬
莫考往順德麗村住四子　祚生　琳儒　琳盛　琳郎
奇魁字　正夫子母　氏生終葬妻莫考一子公義

茂魁字　信夫長子母　氏生終葬妻莫考一子公義
茂熙字　信夫次子母　氏生終葬妻莫考失傳
世顯字　獻夫長子母　氏生終葬妻莫考失傳
樸顯字　獻夫長子母　氏生終葬妻莫考失傳
宛真字　順夫子母　氏生終葬妻莫考失傳
超賢字　應昌子母　氏生終葬妻莫考失傳
超能字　應鳳子母　氏生終葬妻莫考失傳
象朝字　乾夫長子母　氏生終葬妻莫考一國臣
象麟字　乾夫次子母　氏生終葬妻莫考一子太真
象麒字　麗夫長子母　氏生終葬妻莫考失傳
象駿字　麗夫次子母　氏生終葬妻莫考失傳
光宗字　道佐長子母　氏生終葬妻莫考二子斗明
斗經
耀宗字　道佐次子母　氏生終葬妻莫考子一國貞
顯宗字　道　佐三子母　氏生終葬妻莫考失傳

廣宗字　道佐四子母　氏生終葬妻莫考失傳
景俊字錫胤號奇捷萬英長子母張氏生終葬莫考信宜
縣壅生妻西岸胡氏
景先字嘉胤萬英次子母張氏生終葬莫考信宜縣岸生
妻南門外潘氏
景倫字聯魁號我捷萬策長子母　氏生終葬莫考信宜
縣壅生妻東門外李氏
景化字洪魁萬策次子母　氏生終葬莫考妻東門大街
梁氏
求萬字　孟科子母陳氏生終葬妻莫考九江住
志良字　孟松子母梁氏生終葬莫考妻曾氏二子夢元
夢龍九江住
泰來字浩牲現子母郭氏生于天啓壬戌八月初八終于
順治乙未五月初四享年三十四卜葬蜆殼地無子妻別適從
兄三槐建祠囑田同父厚泉三叔父素直永遠拜祭

三槐字浩生號參乾瑞子母杜氏生于萬歷丙午七月初
五由吏員授貴州銅仁縣典史居鄉處族法言剴論格神享祖
對越駿奔本圍華夏龍涌二竇涌源歷年高壅潮澀難進乃于
康熙五年冬呈赴水利道批縣給示行司照依舊額開復家食
國課有賴馬終于康熙丙辰二月二十一享壽七十一葬竹逕
新社岡坐辛向乙之原妻區村陸氏續娶丹竈謝氏又娶大杏
張氏其謝氏于崇禎庚辰八月初八在廣寧縣公解告終扶柩
回葬竹逕新社岡坐辛向乙之原四子學澄謝氏出　學中
學成　學鵬俱張氏
　兩香字馨然嘉長子母區氏生于萬歷庚子三月十八終
于天啓乙丑八月十八卜葬區屋岡妻茅洲馮氏別適無嗣
　兩松字卓然號壯乾嘉次子母區氏生于萬歷乙巳七月
二十六終于崇禎辛巳六月二十七享年三十七妻大仙岡陳
氏合葬黄坭地無嗣
　兩柏字遂然號秀乾嘉三子母區氏生于萬歷辛亥二月

初一終莫考妻大灣李氏一子　所進
　兩鎮字儼然號調乾吉長子母杜氏生于萬歷乙巳四月
十八終于崇禎庚辰十月十二享年三十六卜葬黄坭地妻區
氏別適無嗣
　兩銘字功然號柱乾吉次子母杜氏生于萬歷辛亥八月
十五終于順治乙酉十月初五享年三十五妻深灣吴氏合葬
蜆殼地二子　顯法　所仕
　兩鑑字湛吉三子母何氏生于天啓癸亥正月初十終葬
莫考妻大杏區氏四子　禄芹　禄卞　學涵　學賢
　兩奇字珍然號青乾懿長子母蘇氏生于萬歷乙巳十一
月初二終于康熙丁未四月十七享壽六十三妻鹿大岡李氏
繼娶大杏梁氏合葬沙岡生一子所養梁氏出
　兩性字禀然號贊乾懿次子母蘇氏生于萬歷辛亥六月
初一終葬莫考妻大渦黄氏繼娶大沙劉氏妾李氏一子所偉
李氏出

兩徵字廣然懿三子母蘇氏生于萬歷乙卯五月十九終
于順治癸巳九月二十八享年三十九妻大果陳氏合葬岡嘴
繼娶李氏一子　所裕李氏出
兩鳳字寧然志長子母關氏生于萬歷辛亥四月十八終
于順治乙酉五月初十享年三十五卜葬岡嘴妻沙寮杜氏别
適無嗣
兩鶚字雍然號奮南志次子母關氏生于萬歷丙辰七月
十三終葬莫考妻孔邊方氏一子　成功
兩儀字浩然號象乾聖子母周氏生于萬歷癸巳七月二
十四公少讀儒書天資穎悟屢試不第居家庭植田園課子弟
賦詩善咏終于崇禎癸未九月二十一享年五十一葬飯羅岡
西向妻灣頭杜氏三子　所見　所能　所達
兩一字唯然賢長子母杜氏生于萬歷壬辰十二月二十
二終于天啓乙丑十二月二十七享年四十四妻丹竈謝氏
合葬岡嘴一子　所聞

兩叄字贊然賢次子母杜氏生于萬歷甲辰三月十九充
掾南海據終于天啓乙丑十一月二十四享年二十二葬后岡
妻大沙劉氏别適無嗣

兩元字景然號耀乾會長子母游氏生于萬歷庚戌正月
四終于康熙丙午十月二十四享年五十七葬花園地妻本里
方氏二子 所知 所思

丙端字昭然號象明會次子母游氏生于萬歷壬子七月
二十終葬莫考妻大坑陳氏一子 所敏

兩瑞字泰然號象平會三子母游氏生于萬歷丁巳五月
初一終于康熙丙午十一月初九享年五十卜土名沙地妻丹
竈梁氏繼娶大岸馮氏一子所誠出馮氏

兩魁字挺然號丕漢萬華子母鄧氏生于萬歷丁未六月
二十四終于順治戊戌十月二十六享年五十二葬黃坭地妻
石牛岡蘇氏一子 細叔大果住

師周字憲璋英子母李氏往省城生終莫考

觀英字肆生號冲乾大進長子母杜氏生于崇禎戊寅七月二十二終葬莫考妻大沙李氏二子 承遠 承宗
觀顯字達生號敷乾大進次子母杜氏生于崇禎癸未九月初六終于康熙辛酉三月二十四享壽七十九妻竹逕關氏妾梁氏合葬榕岡三子 承紀 承網 承開俱梁氏出
觀逵字遴生大朝子母陳氏生于順治癸亥正月初十終于康熙丁巳正月二十八享年五十五妻劉氏合葬區屋岡一子 承科
觀華字迪生大猷子母龍氏生于崇禎戊寅九月二十六終于康熙葬莫考妻本里楊氏三子 承建 承敦 承芳
聖朋字明舉子能子母徐氏生于萬歷戊子五月十六失傳
聖學字明教子結子母陳氏生于隆慶壬申十月初八終葬莫考妻吉利關氏無嗣
萬和字振伯大堯長子母陳氏生于萬歷丁亥十一月二

十九終于崇禎午未二月十五享年四十五妻伏水陳氏合葬
菴邊一子　夢益
萬舉字　大堯次子母陳氏生于萬歷乙未二月十四娶
終葬莫考失傳
萬雄字振權號廣吾大堯三子母陳氏生于萬歷甲辰八
月初八終葬莫考妻本里吴氏繼娶莊步梁氏一子　家齊梁
氏出
應祖字振宇思唐子母陳氏生于萬歷辛巳十二月十三
終于萬歷辛酉二月二十三享年四十一妻區村區氏合葬大
坑一子　士元
應廣字振高思庸子母區氏生于萬歷丁亥十一月初六
終于康熙辛酉三月二十四享壽七十九妻竹逕關氏妾梁氏
合葬榕岡三子　承紀　承綱　承開俱梁氏出
葬莫考無嗣
應時字振國思康長子母關氏生于萬歷丙戌六月二十

終于天啓乙丑十二月十七享年四十妻茅洲馮氏合葬大坑
一子　夢槐
　應昭字振華思康次子母關氏生于萬歷戊子七月十四
妻石牛岡蘇氏繼娶吉贊左氏終葬莫考無嗣
　應暉字振邦思康三子母關氏生于萬歷庚寅九月二十
六終于萬歷庚甲三月十五享年三十一葬大坑妻新生梁氏
二子　夢魁　夢宿
　應曙字振明思康四子母關氏生于萬歷乙未四月二十
終于崇禎甲申六月初四享年五十妻大仙岡陳氏合葬大坑
一子　夢壁順德潭洲住
　應曜字振德思康五子母關氏生于萬歷庚子十二月初
一終于順治辛丑四月十四享壽六十二妻李氏合葬大坑無
嗣
　珩字振威號太玄豸繼子繼母薛氏生母陳氏生于萬歷
乙酉七月二十七終于順治戊子八月二十一享壽六十四妻

大杏張氏合葬松岡二子　祖胤　祖裔
圭字振嚴號居一成章長子母陳氏生于萬歷壬午十二
月十五充信宜縣椽轉考化州終于天啓甲子四月初二享年
四十三妻本里方氏繼娶大仙岡陳氏合葬巷邊無嗣
瑜字振憲號敬一成章三子母陳氏生于萬歷已丑五月
初四充陽山縣終于崇禎辛巳十二月十七享年五十三妻石
牛岡蘇氏合葬飛鵝岡二子　祖庇　祖思
介字振綱號方一成章四子母梁氏生于萬歷庚子三月
二十九終于崇甲申四月初七享年四十五葬大坑妻小杏何
氏無嗣
臺字振英號鯁一成章五子母梁氏生于萬歷戊申十二
月十五妻大杏薛氏繼娶西城游氏大沙劉氏二子　祖蔭
祖興俱薛氏出
祖純字明厚號敬賓贊長子母陳氏生于萬歷甲申八月
十一終于崇禎丙寅二月十六享年四十三葬松岡妻關氏別

適立一子　太元

祖善字明積號耀環贊次子母陳氏生于萬歷丁亥三月二十九終于崇禎壬申六月十八享年四十六妻勞邊梁氏合葬松崗二子　太科　太元出繼

祖德字明彰號耀楚贊三子母陳氏生于萬歷庚子十一月初一終于康熙癸卯八月二十享壽六十四妻伏水陳氏合葬松岡二子　帝貞　帝暮

萬盛字振昌炯子母陳氏生于萬歷庚戌九月十五妻大坑鄉潘氏終葬莫考無嗣

應騰字明翔號仰蒼戌孫子母楊氏生于萬歷庚戌十月初九終于康熙巳未二月三十享壽七十妻沙寮杜氏合葬沙岡二子　太養　太富

萬參字振寬思長子母陳氏生終葬莫考沙寮杜氏失傳

萬積字明聚號仰深思次子母陳氏生于崇禎庚午十二月二十七終莫考妻大灣徐代合葬屈龍岡失傳

居閏字明譽在充子母林氏生于萬歷庚辰四月初七妻
蘇村徐氏終莫考葬本鄉大坑岡無嗣
萬杰字明翰號柱垣榮長子母關氏生于萬歷庚寅十月
初六幼而穎悟長而潛修指出疑峰秀於學山悟瀾清於筆海
澤宮選俊名列府庠屢向棘圍爭奈龍頭屬老柔不茹剛不吐
推為族長過無旦講六箴誨子弟解三墳五典繼往開來乃所
優焉終于康熙戊申六月初六享壽七十九妻區村區氏合葬
松風繼娶丹竈謝氏三子　昆玉　兆桂出繼兆鵬俱區氏出
應選字明衡榮次子母關氏生于萬歷丙申十月初九終
于崇禎辛未九月二十享年三十六葬屈龍岡妻伏水陳氏別
適立一子　兆桂
應芳字明賢綬長子母梁氏生于萬歷丙申十二月十二
芳字明賢綬長子母梁氏生于萬歷丙申十二月十二終葬莫
考妻蘇村陳氏往信宜住
應麒字明璇綬次子母梁氏生于萬歷庚子正月十三妻

大仙岡陳氏終莫考葬大坑無嗣

應麟字明錦綬三子母梁氏生于萬歷壬寅八月十三終莫考妻大杏高氏葬大坑無嗣

應鳳字明喈號雝吾綬四子母梁氏生于萬歷戊申十二月十二終于順治辛亥正月二十四享壽六十四妻林氏合葬大坑一子 兆能

閏孫字 衿子母張氏生終葬莫考失傳

大聰字明晉號智吾順長子母陳氏生于萬歷丙戌二月二十二終于崇禎辛未十一月二十一享年四十六妻蘇村陳氏合葬大坑岡無嗣有業二兄子孫永遠奉祀

大朋字明贊號耀吾順次子母陳氏生于萬歷庚寅五月初三終于崇禎戊寅九月十四享年四十九卜葬大坑妻大仙岡陳氏一子 兆祥

大成字明瑞號鳳臺順三子母陳氏生于萬歷壬辰九月初十終于順治甲午正月二十八享壽六十三妻沙聰滘何氏

合葬大坑岡繼娶杜氏一子　兆論杜氏出
尚允字萬賢士緣子母馮氏生終葬莫考妻區村區氏一
子　太社失傳
庚科字本定士德子母林氏生于萬歷庚申七月十三終
于康熙已巳五月初十享壽七十妻梁氏合葬蚺蛇地二子
辰孫　壬孫
文科字　士志長子母李氏生終葬莫考無嗣
文耀字　士志次子母李氏生終葬莫考無嗣
文炳字　士志三子母李氏生終葬莫考無嗣

仲房十五世
志豪字懷杰號敬松學程長子母張氏生于萬歷甲戌三
月初四終于萬歷丁巳十月二十享年四十四妻新生梁氏合
葬西邊坑四子　之屏　懷聰　懷華之亮
志高字懷德學程次子母張氏生于萬歷庚辰十月初四

終于順治戊戌十月十九享壽七十九妻渦村李氏合葬大坑
一子　觀錫
志亮字懷俊學程三子母張氏生于萬歷乙酉三月二十
七終于萬歷乙卯正月初九享年三十一妻新生倫氏合葬大
坑一子　憲韜
思明字懷聖號樂隱學顔長子母勞氏生于隆慶庚午六
月十九終于崇禎辛巳三月二十五享壽七十二妻丹竈黎氏
合葬大坑一子　唐弼
思聰字懷禮號衿湖學顔次子母勞氏生于萬歷甲申六
月二十七縣録雨考役滿起送給由終于天啓癸亥九月初九
享年四十妻大杏杜氏合葬大坑三子唐禎　唐杜　唐盛
思恭字懷樂號貌生學顔三子母勞氏生于萬歷丁亥五
月十三縣録兩考完滿赴京中副榜省祭未任終于崇禎己卯
十一月初四享年五十三葬大坑妻周氏無嗣
昌齡字泰和號萃育育學文子母陳氏生于萬歷丙戌十

月初八吏員終于順治壬辰六月初二享壽六十七石龍村區
氏合葬旺邊岡無嗣
仲榮字泰華學曾長子母杜氏生于萬歷癸未十二月十
六終葬莫考妻康氏一子　有物
仲禄字泰隆學曾次子母杜氏生于萬歷己丑十月十九
終于順治丁亥三月初六享年五十九葬莫考妻蘇氏一　有
貴
仲達字泰明學曾三子母杜氏生于萬歷癸己八月二十
三終于崇禎己卯八月初三享年四十七葬妻丹竈符　氏別適
二子　有諒　有相
萬科字應魁號歡懷大鴻長子母陳氏生于萬歷癸酉九
月二十三妻沙滘杜氏終莫考合葬沙岡無嗣
萬積字應聚大鴻次子母陳氏生于萬歷己卯四月二十
八終于萬歷戊午六月十二享年四十葬沙岡無嗣
萬秩字應熬大鴻三子母陳氏生于萬歷甲申五月初十

終莫考妻林氏無嗣

萬程字應登大雁子母勞氏生于萬歷己卯七月二十終于天啓丙寅九月初八享年四十八葬沙岡妻吴氏別適一子一得失傳

君念字宗賢號敬臺履誠長子母蘇氏生于萬歷辛己九月十二妻杏頭李氏終葬莫考無嗣

君意字　履誠次子母蘇氏生于萬歷乙丑正月十二終葬莫考無嗣

君德字裔賢號魯生履貴子母麥氏生于萬歷己丑八月二十八妻本里陳氏一子　武勝

應鑾字樂宗禹履祥長子母張氏生于萬歷壬午三月初一終于萬歷甲寅四月初八享年二十三妻區村區氏合葬沙岡二子　逢盛　逢昌

應鶚字一禹號聞霄履祥次子母張氏生于萬歷辛卯十二月初七終于崇禎己卯正月初六享年四十九妻大仙岡陳

氏合葬大坑無子附祀門户等處蒸嘗永遠拜祭
應享字遠禹號玄機履元長子母梁氏生于萬歷丙戌正月二十八吏員終于崇禎己卯七月二十一享年五十四妻塘下李氏合葬大坑三子　嘉賓　嘉賢　嘉宰
應豪字英禹履元次子母梁氏生于萬歷丁亥十二月十四終于萬歷戊午五月十一享年三十二葬岡頂妻丹竈黄氏一子　嘉譽早亡
應杰字鳴禹號昌儀履元三子母梁氏生于萬歷庚寅八月初一好古敏求博學强識設帳而北面相從説詩而解頭共聽恂恂的守不忮不求性嗜賦詩追踪李杜終于康熙丙午十一月十三妻鳳果周氏合葬岡頂西向之原一子嘉謀納室早喪無嗣公七十七有將儉積土名陳屋岡田九斗屬入二世祖仲房祠附祀永遠拜祭
芝賢字　為典子母麥氏生終葬莫考妻杜氏無嗣
學賢字　為經繼子繼母陳氏生母方氏生終葬莫考曾

氏一子 社君
玉賢字 為策子母方氏生終葬莫考妻潘氏二子 社
貴 社平
應爵字耀宇號慈明有鳳長子母黄氏生于萬歷壬子五
月初三終葬莫考妻盧氏繼娶白坭鄧氏一子廷玉盧氏出
應文字輝宇有鳳次子母黄氏生終葬莫考妻梁氏無嗣
應熙字有鳳三子黄氏生于萬歷乙未十一月十四終葬
莫考無嗣
應奇字光宇有鳳四子母黄氏生于萬歷乙未十一月十
四終葬莫考妻鄧氏無嗣
孟芳字 孔恒長子母冼氏生于萬歷戊子十二月十五
終于崇禎乙卯八月初四享年五十三葬莫考妻黎氏一子
明孫
仲芳字 孔恒次子母冼氏生于萬歷戊子十二月十五
終于崇禎乙卯十月初八享年五十二葬莫考妻陸氏二子

來孫　受孫
應德字　萬新子母林氏生于順治戊子十月二十二終
葬莫考失傳
日松字　萬化長子母霍氏生終葬莫考失傳
日柏字　萬化次子母霍氏生終葬莫考失傳
萬象字森然號浮玉紹一長子母方氏生于萬歷戊寅二
月二十八公生而穎悟博極羣書治易彌精自著易解慨然以
天下為己任一介不求所為文深得聖經立言之旨不拘傳注
識者皆欽任垂發游癢　按臺諸試累批首壬子科中式候
旨未下乙卯即護高魁兩試會閧終于萬歷乙未八月二
十三享年四十二妻西樵何氏合葬西邊坑岡一子　若騮
萬達字擴然號石雲紹一次子母方氏生于萬歷辛己二
月二十六終于崇禎己巳九月十二享年四十九妻百滘潘氏
合葬西邊坑岡六子　若騶　若駒　若驊　若驥　若騮出
繼若聰

述綸字秩然號赤霞紹甫長子母梁氏生于萬歷丁丑三月初九終于崇禎己巳九月十五享年五十三妻西城游氏繼娶岡頭梁氏合葬西邊坑二子　永祚　游氏出尚祖梁氏出

述經字奕然號青霞紹甫次子母梁氏生于萬歷戊子三月初五終于崇禎癸酉二月二十三享年五十六妻小杏黄氏合葬中堂岡二子　士通　士浩

明耀字　大卓子母張氏生于萬歷戊戌八月二十終葬莫考失傳

明興字昭廣號從天大益長子母游氏生于萬歷丙戌十二月十九終于萬歷辛酉五月初七享年三十六葬后坑妻西城陳氏無嗣

明德字昭朋號燦我大益次子母游氏生于萬歷乙丑九月初五終莫考妻竹逕關氏繼娶梁氏合葬大坑一子　啓祚梁氏出

明奇字昭偉號燦之大受長子母杜氏生天萬歷庚寅六

月十三終于崇禎辛卯　月　日享壽六十三妻蘇村蘇氏合
葬地塘園一子廷盡無嗣嫡侄廷訓等永遠拜祭

明遇字昭會號純和大受次子母杜氏生于萬歷癸巳三
月十六終于萬歷戊午四月十一享年二十六葬地塘園妻鳳
果周氏別適無嗣嫡侄廷訓等永遠拜祭

明遠字　大受三子母杜氏生天萬歷戊戌七月十九終
于萬歷戊午八月初六享年二十一葬地塘園無嗣

明運字昭顯號純之大受四子母杜氏生于萬歷癸卯二
月初五終于康熙丙午七月十三享壽六十四妻竹逕關氏合
葬沙岡坐卯向酉之原五子　廷詔　廷誥　廷讓　廷試出
繼

遇真字昭用彪長子吴氏生于萬歷已酉七月十二終葬
莫考妻清塘鄧氏無嗣

逢真字昭行彪次子母吴氏生于萬歷壬子十月初八終
葬莫考無嗣

見真字　彪三子母吴氏生于萬歴乙卯四月初七終葬
莫考無嗣
遂真字　彪四子母吴氏生于萬歴庚申正月十七終葬
莫考無嗣
細九字　酉科長子母陳氏生于萬歴丙辰七月十二終
葬莫考無嗣
細十字以正號翊絅酉科次子母陳氏生莫考終于順治
甲午七月初二妻本里陳氏合葬地塘園繼娶丹竈謝氏未嗣
擇明運第五子廷試為繼后謝氏背夫遺囑經官處斷謝氏别
適
瓊璋字　號清宇于瑞子母梁氏生于萬歴丁亥九月十
八終于順治戊戌四月二十四享壽七十二妻梁氏合葬瀾石
岡尾三子　阿進　二進　三進
鵬舉字君騰瑶長子母何氏生于嘉靖甲子十二月十五
終于萬歴辛丑六月二十六享年三十八妻華夏馮氏無嗣

鶴舉字君起號襟閣瑶次子母何氏生于隆慶戊辰九月
二十三通經傳詩書邁衆作詞對摹擬匠心非其人有交非其
義不取耿介拔俗終于天啓乙丑正月二十七享年五十八妻
大仙岡陳氏繼娶高明羅圳黎氏合葬沙岡一子　令則黎氏
出

遇中字元和號碧蒼大德長子母陳氏生于嘉靖丙寅正
月二十八終于萬歷壬子六月十五享年四十七妻徐氏一子
族興

遇才字元用大德次子母陳氏生于隆慶辛未二月二十
一終于天啓甲子九月三十享年五十四
妻沙滘何氏合葬沙岡二子　族豪　族禎

遇聖字元聰大德三子母陳氏生于萬歷甲戌八月初六
終于順治壬辰三月二十八享壽七十九妻本里陳氏合葬烏
飯岡一子　一嵩

遇能字元毅大德四子母陳氏生于萬歷甲申七月二十

二終于崇禎乙亥三月二十八享年五十二妻沙寮杜氏合葬
大坑二子　有明　月來
辛字　師禹長子母梁氏生終葬莫考失傳
鳳字文富師禹次子母梁氏生于萬歷癸酉終葬莫考妻
窟龍塘　氏一子　裔明大逕住
遇隆字元泰號蒼宇大化長子母何氏生于萬歷甲戌四
月二十九終于順治丙申四月十三享壽八十三妻沙浦東陳
氏合葬大坑岡一子　族魁
遇倫字元奕大化次子母何氏生天萬歷乙酉六月二十
九終于崇禎辛未八月二十二享年四十七妻大岸麥氏合葬
沙岡一子　戊科
遇俊字元杰號慎宇大化三子母何氏生于萬歷庚寅九
月十八終于崇禎庚辰閏正月初十享年五十一妻沙滘何氏
合葬大坑岡一子　族永
申字元仲號懷圃大能長子母陳氏生于嘉靖乙未十二

月二十六終莫考妻本里陳氏合葬沙岡二子　族聖　族賢
良字元懿大能次子母陳氏生于嘉靖癸亥六月十五終
于萬歷丁酉十二月二十享年三十五妻本里梁氏合葬沙岡
一子　阿閏
直字元剛大能三子母陳氏生于嘉靖丙寅十月十六終
莫考妻旺邊蘇氏合葬沙岡一子　阿細
貴科字元顯大義長子母鄧氏生嘉靖丙寅三月二十七
終莫考妻本里區氏合葬沙岡一子　族傳
貴定字元美大義次子母鄧氏生于隆慶乙巳六月初一
終于天啓甲子正月二十四享年五十六妻本里林黎氏合葬
沙岡一子　族昌
遇貴字元芳大文長子母劉氏生于乙酉九月初五終于
萬歷乙卯六月十五享年三十一妻本里陳氏合葬沙岡無嗣
遇相字元宰大文次子母劉氏生于萬歷辛卯四月二十
七終于天啓癸亥十月初七享年三十三妻坑屈甘氏合葬大

遇棟字元柱號挺南大文三子母劉氏生于萬歷辛丑十一月二十九終于康熙癸亥二月初一享壽八十三妻沙寮杜氏合葬沙岡三子　尚責　尚勤　尚劭

遇杰字元贊大章長子母陸氏生于萬歷乙丑十月十三終于天啓乙丑十二月二十三享年三十七妻沙寮李氏合葬大坑岡二子　族獻　尚奇

遇彬字元卓號粵翹大章次子母陸氏生于萬歷庚子二月初六終莫考妻渦村李氏合葬大坑岡二子　尚昇　尚業

文元字　字縉長子母黄氏生于嘉靖庚子七月十九終于萬歷丁酉三月十八享年五十八妻　氏合葬莫考四子
族芳　族錦　族定　族良大仙岡住

文貴字　縉次子母黄氏生于嘉靖癸卯六月二十六終于萬歷丁酉三月二十享年五十五妻郭氏合葬沙岡二子
族先　族敏

著彩字文輝號逸涯温長子母陳氏生于嘉靖癸亥六月
二十六終于天啓癸亥八月初三享壽六十一妻龍池鄧氏合
葬大坑岡一子　族華
著慶字文喜温次子母陳氏生娶終葬莫考無嗣
文正字　通長子母吴氏生終葬莫考無嗣
文恒字　通次子母吴氏生終葬莫考無嗣
文兆字　通三子母吴氏生娶終葬莫考一子　族才
太榮字　迪子母鄧氏生終葬莫考失傳
文喬字　閔子母湯氏生娶終莫考合葬蚺蛇岡二子
積遠　積達終于順治壬辰二月十八享壽八十三妻丹竈鄧
氏繼娶李氏合葬沙岡三子　聖澤　參澤　勝澤俱鄧氏出
萬高字凌漢號樂涯周長子母陳氏生于隆慶己巳正月
十六終于崇禎己巳五月十六享壽六十一妻勞邊勞氏合葬
坑屈岡三子　應宗　應芝　應蘭
萬方字喬漢號雲山周次子母陳氏生于萬歷甲戌五月

初十終于崇禎丁丑十月十一享壽六十四妻大杏張氏合葬
坑屈岡四子　念宗　應宗　應舉　應結
希立字可繼號樵波周三子母陳氏生于萬歷丙子終于
順治戊子七月初三享壽七十三妻大杏張氏合葬岡咀四子
勝兆　勝裔　勝魁

季房十五世
師教字可傳號奕宗健子母吴氏生于隆慶庚午八月初
萬興字可聘號辛禹愛長子母李氏生于萬歷乙酉七月初十
終于天啓辛酉六月初九享年三十
七妻梅步何氏合葬沙岡二子　社榮　社雄
萬足字可謀愛次子母李氏生于萬歷癸未十一月十五
終莫考妻沙滘何氏合葬蜆殼岡三子　社奇　社貴　社青
萬林字可適愛三子母李氏生于萬歷丙申三月二十終
葬莫考妻大樂張氏無嗣

萬性字子高慶長子母馮氏生于萬歷戊子九月初八終
葬莫考妻渦村李氏一子　社佑失傳
萬有字可富慶次子母馮氏生于萬歷辛卯八月二十終
葬莫考妻沙滘何氏一子　聖孫失傳
萬境字可聖號佳吾爰長子母陸氏生于萬歷丁酉三月
初九終莫考妻石涌張氏合葬　三子　有奇　有昇　有年
萬良字可積媛次子母陸氏生終葬莫考無嗣
萬石字可權號秉吾爰三子母陸氏生于萬歷丙午十一
月二十六終葬莫考妻石牛岡蘇氏繼娶李氏一子　有賢蘇
氏出
萬嘉字可尚號美吾受繼子繼母徐氏生母陸氏生于萬
歷壬子正月二十一終于康熙壬申九月初八享壽八十一妻
沙滘符氏合葬莫考二子　九月　九經
萬先字可元號悦吾度長子母李氏生于萬歷辛丑三月
初八終于康熙丙午二月十八享壽六十六妻杜氏合葬大坑

岡無嗣
萬進字可喬號嵩吾度次子母李氏生于萬歷甲辰八月
初五終于康熙甲寅十月二十八享壽七十一妻丹竈謝氏合
葬大坑岡無嗣
萬岳字可瞻號斗吾度三子母李氏生于萬歷癸丑十月
初五終于康熙丙寅十月初三享壽七十四妻沙樂潘氏合葬
蜆殼岡坐丁向癸之原三子 有科 有魁 有攊
萬程字廷進號抱一妙麒長子母陳氏生于萬歷乙酉閏
九月二十九終葬莫考妻沙寮何氏繼娶郭氏一子 勝耀郭
氏出
萬積字廷杰妙麒次子母陳氏往四川
萬貴字廷爵號一妙麟長子母梁氏生于萬歷戊子三月
二十五終于康熙丁未閏四月十三享壽八十妻沙杏帥氏合
葬榕山岡 一子礜勝業
萬賡字廷愷妙麟次子母梁氏生于萬歷庚子八月十五

終于啓壬戌九月享年二十三葬榕山岡無嗣

萬聰字　夫號性從妙龍長子母何氏生于萬歷乙未十

月初九終于順治甲午五月二十七享壽六十妻勞邊勞氏繼

娶陳氏合葬榕山岡一子　尚遇陳氏出

萬逵字達夫號廣一妙龍次子母何氏生于萬歷戊戌正

一十三終于康熙己酉正月二十七享壽七十二妻大岡潘氏

合葬莫考二子　尚簡　尚典

萬置字廷憲號富一妙鸞子母吳氏生于萬歷戊戌二月

二十三終于康熙乙巳八月二十一享壽六十八妻蘇氏合葬

岡嘴一子　勝昌

萬秩字廷稟號居一妙鵠長子母黄氏生子萬歷癸卯三

月二十五終莫考妻大仙岡劉氏合葬榕山岡三子　觀從

觀福　觀何

萬益字毅夫號意剛妙鵠次子母黄氏生于萬歷己酉十

二月初七終于康熙甲寅十月十三享壽六十六妻大沙劉氏

繼娶陸氏合葬榕山岡二子　尚書出劉氏　尚禮陸氏出

萬宜字秀夫號純妙鵠三子母黃氏生于萬歷壬子十二月二十五終莫考妻蘇村陳氏繼娶張氏合葬五子　尚仁　尚紀　尚惠俱陳氏出　尚肆　尚美俱張氏出

萬寶字阜然號裕庭謙長子母吴氏生于嘉靖壬午二月初十終于崇禎壬午八月初十享壽六十一妻大沙何氏繼娶陳氏合葬上坑岡立一子　勝紀

萬才字阜得號裕饒謙次子母吴氏生于萬歷庚寅終于順治乙酉四月二十二享年五十六妻沙寮杜氏合葬岡嘴三子　勝紀出繼　勝綸　勝絲

萬理字阜通偲子母區氏生娶終葬莫考無嗣

萬善字阜積儒子母林氏生終莫考妻陳氏合葬岡嘴一子　勝經

萬瑞字象然佳子嫡母張氏生母何氏妻莫氏生終葬莫考一子　阿勇

萬軸字志翰號習之芳葉子母謝氏生于天啓癸亥十一
月二十七終莫考妻本里陳氏合葬沙岡無嗣遺下涌邊大塘
口田二坵共八斗附祀愛榕祖
萬為字志榮號活珍芳泰長子母陳氏生于萬歷壬辰四
月初十終于順治庚寅正月二十享年五十九妻丹竈何氏合
葬沙岡無嗣
萬作字志勝號卓寰芳泰次子母陳氏生于萬歷辛丑十
月二十五終葬莫考妻孔邊吴氏四子 尚節 尚賢 尚學
尚禄
萬采字志英號象雄芳梅子母馮氏生于萬歷壬寅八月
十九終于順治壬辰三月十九妻丹竈鄧氏妾李氏合葬后岡
一子 尚考李氏出
萬鵬字搏英號程容芳柏子母勞氏生于萬歷庚申八月
二十五終葬莫考妻大沙何氏一子 尚負
萬乘字志權芳檜子母區氏生于萬歷壬寅正月十二終

于順治己酉三月十三妻大灣李氏合葬后岡二子　尚著
尚郢

萬育字生權號象化芳梧子母林氏生于萬歷甲辰閏九月初八三齡喪父侍母孀居篤嗜儒書屬遵祖訓才能濟世德足宜家訓導兩媳堅操松柏竹筠周登壽域無字三孫成立芝蘭麟趾克振家聲燕翼貽謀遺有瀝底了共田一畝六承先啓后垂曾玄雲耳胙享千秋終于康熙丁未二月初三享壽六十四妻大甘氏合葬飯羅岡繼娶南風坑潘氏葬后岡二子　尚籌　尚策俱甘氏出

萬表字徽權號象芳槐子母何氏生于天啓丙寅九月初十終于康熙丁已十一月二十享年五十二妻岡頭梁氏合葬上坑岡四子　尚達　尚通　尚選　尚遠

萬年字贊京號禹皇芳桂子母梁氏生于萬歷戊午九月初五終于康熙己卯十月初七享壽八十二妻大仙岡陳氏繼娶高要桃溪區氏合葬飯羅岡

四子　尚賓陳氏出　尚拔　尚霖　尚國俱區氏出
萬昌字贊權芳干子母薛氏生于萬歷壬子正月二十六
終于順治庚寅六月十五享年三十八妻灣頭杜氏合葬岡嘴
一子　孟孫
萬彪字志韜號我畧芳芷長子母陳氏生于崇禎庚午正
月十七終于康熙丁卯十一月初五享年五十八妻沙滘何氏
合葬后岡一子　聯科
萬周字志楨號我齊芳芷次子母陳氏生于崇禎庚寅正
月十四終壽莫考妻沙寮何氏合葬后岡三子　逢科　應科
貴科
萬庇字曰恩號超寰武孫長子母楊氏生于萬歷辛丑九
月十七終于康熙癸卯八月初八享壽六十三妻東莞鐘氏合
葬大良金斗岡二子　紹昆　紹英順德龍潭住
萬右字曰安武孫次子母楊氏生于萬歷巳酉十一月初
一終于順治辛丑四月二十享年五十三妻馮簡潘氏合葬大

良金斗岡二子　紹綸　紹克順德龍潭住
萬宣字曰華武孫三子母楊氏生于萬曆丙辰四十九終
葬莫考妻李氏一子　紹鵬順德龍潭住
萬裕字曰成武孫四子母楊氏生于萬曆戊午八月十三
終葬莫考妻梁氏繼室潘室一子　紹保梁氏出
萬策字曰謀達芳子母簡氏生于萬曆甲辰終于天啓丙
辰享年二十三娶葬莫考無嗣
萬載字曰廷達禮子母陸氏生于天啓乙丑終于康熙乙
巳四月十六享年四十一妻竹逕關氏合葬榕山岡二子　紹
瑜　志科
萬顯字曰榮號華一達義子母劉氏生于萬曆丁未九月
初一終葬莫考妻孔邊方氏妾杜氏一子　明德杜氏出
萬禎字曰祥號瑞庭達名子母何氏生于萬曆丁酉八月
初五終于崇禎癸未十二月二十二享年四十七妻渦村李氏
繼娶馮氏合葬后岡三子　紹鳳李氏出　紹鸞李氏出　紹

龍馮氏出

萬幫字曰寧號華二達上子母伍氏生子泰昌庚申二月

初十終葬莫考妻竹逕關氏失傳

萬烈字昭號卓恒達積子母陳氏生子泰昌庚申十二月

二十八終葬莫考妻新生梁氏一子　四弟

萬奇字曰標號卓宇達秋子母何氏生于萬歷癸巳十一

月二十八終于順治癸巳九月初五享壽六十一妻小杏黄氏

葬黎壁園無嗣

萬孚字曰信號南濱達和長子母何氏生于萬歷戊戌三

月十八終于崇禎乙亥四月初四享年三十八葬黎壁園妻陳

氏別適無嗣

萬福字曰慶號華宇達和次子母何氏生于萬歷辛亥十

一月二十三孝弟行家公平處世言行相顔禮讓常存終葬莫

考妻竹逕馮氏二子　紹璋　紹琅

萬鐘字衍生泰聰長子母區氏生于崇禎五月十一終葬

莫考妻周廣泰張氏一子　好弟

萬庇字應生泰聰次子母區氏生于順治丙戌八月十六終葬莫考妻沙滘黎氏失傳

萬嵩字維宗泰聖子母方氏生于萬歷癸丑五月初六終于順治丙戌六月十四享年三十四葬后岡妻李氏一子　天錫

萬樂字偉良泰賢長子母蘇氏生終葬莫考無嗣

萬勝字祥孟泰賢長子母為氏妻梁氏生終莫考葬后岡無嗣

萬會字祥仲泰營次子母馮氏生崇禎辛未終于康熙乙己七月二十七享年三十五葬后岡妻劉氏一子　繼德

祖泰字樂生號歡一觀德長子母陳氏生于天啓丙寅十二月二十一終葬莫考妻孔邊方氏繼娶橫村劉氏一子　舒榮方氏出

祖權字回觀德次子母陳氏東安住

萬能字宜昌益進子母吴氏生于萬歷丁巳終于順治乙
酉五月初五享年二十九葬后岡妻李氏別適無嗣
萬高字勝進號昇朋益佑長子母陳氏生于崇禎甲戌八
月初八終于康熙丙子六月十二享壽六十三妻竹逕馮氏合
葬仙人仰睡岡三子廟科　廟勝　廟經
萬遠字迴佳益佑次子母陳氏生崇禎丙子七月十三終
于康熙辛未四月二十享年五十六葬后岡妻聖廣西莫氏無
嗣
萬溢字裕佳號富洽　益登子母孔氏生于崇禎庚子五月
十五終于康熙丙戌正月初二享壽七十七妻西城潘氏一子
榮科
萬物字冲陽號心易益勉長子母謝我生于嘉靖丙寅九
月初七萬歷戊申二月十七享年四十三妻區村陸氏合葬后
岡大辣地二子　效知　效覺
萬金字瑞陽號行素益勉次子母謝氏生于萬歷辛未九

月十八終于崇禎丁未四月初十享年五十七妻本里區氏合
葬大辣地二子　效聖　效孟
萬春字華陽號拱一益勵長子母梁氏生于萬歷丁丑十
月二十八崇禎已巳授本省潮州永豐大使癸酉任滿甲戌轉
陞壽寧縣漁溪巡宰崇禎乙亥二月初八京回終于是年三月
初六享年五十九妻本里方氏合葬沙岡妻劉氏一子　效
曾劉氏出
萬爵字榮陽號耀一益勵次子母梁氏生于萬歷丁亥八
月十四終于天啓辛酉正月十三享年三十五茂名縣掾妻龍
池歐陽氏合葬沙岡一子　效才
萬卷字宜博號文閣益謙長子母區氏生于萬歷甲申六
月初四羅定州掾終于泰昌庚申八月十六享年三十七妻石
涌鄧氏合葬沙岡四子　聖就　聖年　聖開出繼　聖魁
萬壁字宜珍號瓊峰益謙次子母區氏生于萬歷丙戌九
月十六吏員終于崇禎辛未十二月二十享年四十六妻大沓

張氏合葬沙岡側室麥氏生壹子祖厚早亡立一子　聖開
萬葉字宜蕃號象吾益謙三子母區氏生于萬歷庚寅五
月二十終于崇禎癸酉九月二十八享年四十四妻茅州徐氏
繼娶本里區氏同葬沙岡一子　聖學出徐氏
萬選字宜舉號青錢益謙四子母區氏生于萬歷庚子
六月二十三終于崇禎戊寅十月初一享年三十九葬大辣地
妻竹逕關氏二子　聖宗　文宗
萬枝字宜茂號念吾益謙五子母區氏生于萬歷戊甲四
月二十六終葬莫考妻沙滘黃氏繼娶沙滘何氏二子　繩
祖黃氏出　榮祖何氏出
萬合字允然號十石益方長子母林氏生于萬歷壬午七
月十二終于崇禎壬午九月二十一享壽六十一妻莊邊梁氏
合葬后岡黃泥地無嗣
萬詵字歡逢號耀峰益方次子母林氏生于萬歷甲申十
月十七終于康熙癸卯十月二十二享壽八十葬后岡妻石牛

岡蘇氏二子　廟元　廟舉

孟樸字宜章益豫長子母黃氏生于萬歷甲午九月十三
誦詩讀書教授生徒神思不倦屢試府道運滯未登終于崇禎
戊辰十月二十九享年三十五卜葬沙岡妻孔邊方氏葬黎壁
園二子　三級　三岡

萬信字曰章益豫次子母黃氏生于萬歷丁酉八月十四
終于崇禎壬午六月初六享年四十六葬黎壁園妻大杏薛氏
一子　三畏

萬雅字宜佳號近榕益敏長子母杜氏生于萬歷戊戌五
月十六終于順治辛卯七月十九享年五十四妻沙寮李氏合
葬沙岡西向之原三子　好問　好學　好友

萬性字自佳號近剛州益敏次子母杜氏生于萬歷辛丑
九月十九終于康熙甲辰十二月二十五享壽六十四妻基寮
陳氏繼娶大果陳氏合葬沙岡西向之原一子　好檢

萬伍字綸佳號近塘益敏三子母杜氏生于萬歷丁巳十

一月十五天資穎异性格温良學富五車詞流三峽是宜青錢萬選不意尚在孫山外也振鐸在宗枋桃李咸沾雨化時而聯盟楚咏傳佀羡陽春推居族副令德令儀可嘉可式終于康熙壬子六月二十九妻大果陳氏合葬沙岡西向之原三子　好臣　好韶　好禮

萬吉字玉佳號潤吾益彰子母關氏生于萬歷丁未正月二十終于康熙辛巳七月二十七享年三十五大仙岡陳氏合葬榕岡二子　孔鐸　孔平

萬著字衍佳號近樵益善長子母蘇氏生于天啓癸亥正月二十五終于康熙癸丑五月十四享年五十一妻華夏馮氏合葬竹逕岡三子　孔讓　孔蟾　孔圖

萬則字法佳號近南益善次子母蘇氏生于崇禎戊辰十一月二十七終于康熙辛未九月初七享壽六十四妻區氏合葬莧考五子　孔惠　孔文　孔楊　孔輝　孔芝

萬延字　桂聯長子母　氏生于萬歷戊子三月十八終

葬妻莫考一子 維垣
萬壽字 桂聯次子 氏生于萬歷庚寅十一月二十一
終葬莫考無嗣
萬芳字 桂聯三子母 氏生于萬歷戊戌十一月十一
終葬莫考無嗣
林壽字彥華綉豸子母陳氏生于萬歷壬辰七月十七終
葬妻莫考無嗣
萬社字 君弼長子母龍氏生于萬歷戊午正月初三終
葬妻莫考無嗣
萬祺字 君弼次子母龍氏生于萬歷己未十月十六終
葬莫考無嗣
春字 號武陵裕長子母張氏生于隆慶辛未五月二十
治書經纂 陳宗師考送番禺縣儒學援例納監給文回籍科
舉妻李氏終葬莫考二子 希澡 希潘
積真字 裕新繼子繼母陳氏生母陳氏生終葬妻莫考

無嗣
道真字誠侯號集虚舜臣長子母陳氏生于萬歷戊寅八
月初一番禺縣癢生學中名士終于萬歷丙辰七月二十二享
年三十九妻陸氏葬莫考無嗣
昌真字印昌舜臣次子母陳氏生母劉氏生于萬歷戊午
二月二十三終葬妻莫考無嗣
慧真字士昌舜臣三子嫡母陳氏生母劉氏生終葬妻莫
考外出
守真字用彪直臣長子陳氏生終葬莫考外出
静真字　直臣次子母陳氏生終葬莫考外出
觀保字　廷臣長子母彭氏生終葬莫考外出
琰真字　廷臣次子母彭氏生終葬莫考外出
元真字　周臣子母徐氏生終葬莫考外出
社秀字　桂臣子母余氏生終葬莫考外出
社長字　世臣子母歐陽氏生終葬莫考外出

茂良元禎宗典長子母曾氏生于萬曆壬辰七月初四妻

岑氏終葬莫考外出

茂聰字元秀宗典次子母曾氏生于萬曆己未十二月十

五妻曾氏終葬莫考外出

茂英字元杰宗典三子母曾氏生于萬曆癸卯九月十一

妻曾氏終葬莫考外出

茂昌字　宗城長子母張氏生于萬曆甲辰七月十九終

葬妻莫考外出

茂文字　宗城次子母張氏生于萬曆丁已五月初四終

葬妻莫考外出

琳字　宗法子母靈氏生于萬曆已酉八月十三終葬妻

莫考外出

茂元字　宗延長子母曾氏生于萬曆壬子四月初二終

葬

茂魁字　宗延次子母曾氏生于萬曆丁已九月初九終

葬妻莫考外出
茂相字　世儒子母彭氏生于萬歷庚申八月十四終葬
妻莫考自萬延起至茂相省城九江住
婆孫字子奇一舉子母陳氏生終莫考妻黄氏葬潤螺岡
一子　亞二
桂珍字子聯秀舉子母黄氏生于天啓辛酉正月初六終
于康熙甲辰十一月初六享年四十四妻潘氏合葬潤螺岡二
子　仕成　仕有
桂英字子興養心子母蕭氏生終莫考妻李氏葬潤螺岡
二子　遇蓮　遇蘭
桂萼字子升號騰宇養氣長子母陸氏生于萬歷辛亥六
月二十七終壽莫考妻高要陳氏合葬蟾麻岡繼娶林氏葬后
岡三子　效恩陳氏出　效寵　仕應俱林氏出
桂芳字子京號荆璧養氣次子母陸氏生于萬歷甲寅四
月初七終于康熙乙卯　月　日享壽八十六妻沙滘何氏合

葬莫考三子　仕恩　仕顯　仕高
桂龍字　日榮長子母陳氏廣西榕縣住
桂鳳字　日榮次子母陳氏廣西榕縣住
桂雄字子鳳號岐山日華子母劉氏生于順治癸巳　月
日終于乾隆丁巳　月　日享壽八十五妻陳氏合葬莫
考遺下田石橋頭一斗六升横路五斗三升附祀季房祠
觀紀字子總號接龍尚經長子母吴氏生于萬歷戊子九
月初十終于崇禎丙子正月初二享年四十九妻本里陳氏合
葬榕山岡一子　效元
觀伍字子芳號清涯尚經次子母吴氏生于萬歷甲午七
月二十八終于順治癸巳五月二十四享壽六十妻沙寮杜氏
合葬榕山岡四子　效豪　效奇　效祥　效文
觀烈字　尚經三子母吴氏生終葬莫考無嗣
愷字子愈尚柱長子母符氏生終葬莫考無嗣
情字　尚柱三子母符氏往順德住

性字　尚柱四子母符氏往順德住
萬逞字子富尚偉子母吴氏生終莫考葬潤螺岡無嗣
理致字子升號懷賓尚雄長子母何氏生于萬歷丙申九
月二十九終于康熙壬寅九月初二享壽六十七妻伍氏合葬
潤螺岡一子　效魁
理禎字子祥尚雄次子母何氏生于萬歷辛丑五月初一
終于順治戊子四月初四享年四十八妻潘氏合葬飯羅岡二
子　閏科　閏志
理常字子佳尚雄三子母何氏生終葬莫考無嗣
萬卓字　在思長子母梁氏生終葬莫考無嗣
萬慶字　在思次子母梁氏生終葬莫考無嗣
萬旺字　在思三子母梁氏生終葬莫考無嗣
萬喜字子寬號悦田在忠子母李氏生于萬歷壬午九月
二十八終葬莫考妻黄氏二子　鎰　監
祖禎字耀歡在策長子母黄氏生于萬歷丁未十二月二

十八終于順治甲午正月二十享年四十八妻區村區氏合葬
后岡四子　官榮　官貴　官恒　官太
祖祥字耀傳號我信在次子母黄氏生終葬考妻區氏合
葬大坑無嗣
萬安字耀振號寧宇愈積長子母梁氏生萬歷甲寅正月
十四終于康熙乙巳十一月二十九享年五十二妻陳氏合葬
沙岡一子　庚瑞
萬康字耀華號閣宇愈積次子母梁氏生于萬歷丁巳二
月十五終葬莫考妻本里吴氏一子　社奇
萬寧字耀文愈積三子母梁氏往高州府住
萬英字　愈强長子母周氏生終葬莫無嗣
萬雄字　愈强次子母周氏生終葬莫考無嗣
萬實字　融子母陳氏生終葬莫考無嗣

孟房十六世

秉悌字毓敦號蒂隆觀閏子母郭氏生于萬歷丙辰六月初六終葬莫考妻本里陳氏

志德字毓泰號熙朝祖閏子母黄氏生于萬歷甲寅九月二十七終葬莫考妻蘇村徐氏二子　社穩　社富

有悌字毓貽必明子母陳氏生于崇禎庚午七月十三終于康熙癸卯四月　享年三十四妻清塘鄧氏合葬后岡無嗣

家裕字介吉號天如柱南長子母陳氏生于萬歷庚申十二月十九終葬莫考妻基寮陳氏二子　文桀　文端

家泰字拔吉號星如柱東繼子母陳氏生于天啓癸亥八月二十三終于順治乙未八月十七享年三十三葬大坑北向妻竹逕杜氏别適三子　文炯　文耀　文輝

家禎柱國子母杜氏生于崇禎癸未　月　終于康熙丙午　月　享年二十四妻葬莫考失傳

有志字業成號恒心倉子母杜氏生于萬歷戊申九月十

八終于康熙乙丑九月二十享壽七十八妻劳邊徐氏一子
迪存
君志字仰南號如山喜卜長子母吴氏生于康熙壬戌四
月二十八終于乾隆戊辰九月初五享壽六十七妻沙頭岸梁
氏繼娶陸氏合葬后岡二子　天德　天聰
君惠字仰高號名山喜卜次子母吴氏生于康熙甲子十
一月二十七終于乾隆甲戌四月十八享壽七十一妻林氏繼
娶西城潘氏合葬后岡一子善可潘氏出
永壽字子南真德子母劳氏生娶終葬莫考無嗣
宏始字耀初積成子母李氏生于萬歷壬寅正月初一終
于順治庚寅十一月初五享年四十九妻黄邊蘇氏合葬白雲
岡二子　奇進　奇閏
宏斐字象初號有純積通長子母區氏生于萬歷已未十
月十七終葬莫考妻基寮潘氏一子　奇逢
東佑積通次子母區氏早亡

宏斗字臨萬號智居積學繼子母杜氏生母林氏生于崇
禎戊寅十月初七終于康熙庚申六月初五享年四十三妻沙
水劉氏合葬閏螺岡坐异向乾之原二子　士珩　士齊
宏翼字程萬號仁居積明長子母林氏生于崇禎丙子十
月初六孝友温恭忠誠温厚經傳淹通詩詞備美而于易理尤
為融貫循循善誘訖訖窮年終于康熙癸已八月二十八享壽
七十八卜葬閏螺岡妻林村林氏繼娶鐘氏繼娶大果杜氏合
葬閏螺岡同穴是坐异向乾之原二子　士璋林氏出　士球
杜氏出出繼
宏相字和萬號信居積明三子母林氏生于崇禎癸未七
月二十三終于康熙辛已正月二十九享年五十九妻竹逕關
氏合葬閏螺岡坐异向乾之原立一子　士球
宏恭字謙萬號益居積明四子母梁氏生于順治乙未妻
基寮潘氏合葬閏螺岡坐异向乾之原二子　士興　士勤
胤字耀新戊戌長子母鐘氏生于萬歷庚戌四月十五終

于崇禎丁丑七月初十享年二十八妻沙滘陳氏別適葬大塘

無嗣

宏祚字子詵號廣居志任長子母吳氏生于萬歷丙辰八月十七終于康熙　十一月二十七妻大杏張氏合葬白雲岡四子　喜弟　喜泮　喜斌　喜敏

宏禮字子儀號憲　志任次子母吳氏生于天啓甲子七月初四終莫考妻梅步嚴氏合葬閏螺岡三子　喜瓚　喜周

宏福字以詵號樂居志任三子母吳氏生于崇禎辛未六月十五終于康熙癸酉十月二十九享壽六十三妻蘇村陳氏合葬莫考五子　喜珏　喜揚　喜彭　喜歡　喜七

祀帝字耀太號秉恒敬儒長子母陳氏生于萬歷丁巳七月二十一終葬莫考妻丹竈謝氏繼娶西城潘氏失傳

社弟字耀平敬儒次子母陳氏生于崇禎辛巳六月十六終葬莫考妻孔邊方氏失傳

亞帝耀君裔先子母梁氏生于萬歷癸丑三月二十終于

崇禎戊寅九月十六享年二十六葬白雲岡妻區村陸氏別適
一子　丙孫
閏明字彥儒敬聖長子母陳氏生于萬曆戊午閏四月二
十六妻小杏陳氏終葬莫考無嗣
善明字尚儒敬聖次子母陳氏生于天啓辛酉十二月初
三終于順治庚寅七月初十享年三十葬后岡妻竈頭周氏無
嗣
有辛字徽儒芳池長子母陳氏生于崇禎辛巳五月十八
妻區村區氏失傳
有科字承儒號廷客芳池次子母陳氏生于崇禎壬午十
二月十一終于康熙庚子四月十四享壽七十九妻沙滘何氏
合葬后岡五子　紀名　帝名　志名　善名　才名
紀元字彥士號重文祖榮長子母黄氏生于萬曆己酉十
二月初五終于順治戊子四月十九享年四十妻小杏黄氏合
葬后岡一子　長盛

會貫字子桀祖榮三子母黄氏生于萬歷乙未二月初九
終葬莫考妻竈頭徐氏一子　亞有
會選字子信祖榮四子母黄氏未娶隨貢外國未回
聖志字子偉觀榮長子母孔氏生于崇禎庚午七月初三
終于康熙庚戌七月初七享年四十一葬上坑岡妻蘇村陳氏
立一子　帝師
禮志字子恭觀榮三子母孔氏生于崇禎丁丑六月初十
終于康熙癸巳五月初十享壽七十七葬莫考妻新村郭氏三
子　帝墜　帝師出繼　帝侯
次志字子亨觀榮四子母孔氏生于崇禎乙卯十一月初
二終于康熙巳五九月十六享年五十一妻大仙岡陳氏四子
帝錫　帝兆　帝寵　帝擢
會超字子朗　昌胤繼子繼母别適生于天啓壬戌六月
初六終葬莫考妻沙寮杜氏二子　泰順　泰宏
會志字子嘉號徽五上合繼子繼母張氏生母孔氏生于

崇禎乙亥正月十五充布政司隸吏滿隱居推為族長終于康
熙庚申九月初三享壽八十二妻竹逕關氏合葬村頭岡會祀
二世祖孟房拜掃
會標字　洪才長子母吴氏自幼往福建未回生娶終葬
莫考
會英字子雄洪才次子英母吴氏往順德大良
會初字子儒號肇魁洪能子母區氏生莫考終于康熙壬
戌六月初九妻竹逕李氏合葬坑表后岡五子　貴才　貴芳
貴德　貴華　貴營
耀禎象子開尚文長子母張氏生于萬歷癸卯三月十八
心性靈明學問廣大十四齡早游番禺泮水文陣雄師秋闈屢
戰西以運滯遂未同于沆瀣之氣順治乙酉考取第一名拔貢
終葬未考妻梁氏一子　平
耀祥尚文次子母張氏生娶終葬莫考無嗣
耀禧字子泰尚文三子母陸氏生終葬莫考妻陸氏一子

正

耀祉尚文四子母郭氏生娶終葬莫考無嗣

公赦字演超顯麟長子母李氏生終妻莫考葬后岡一子

亞孫

公敔字演誠顯麟次子母李氏生終娶葬莫考

宗興字演標顯鳳長子母蘇氏生于萬歷庚戌五月初一

終于康熙庚申閏八月二十六享壽七十二妻順德陳村梁氏

四子　之喜　之琳　之瓊　之球

遇興顯鳳次子母蘇氏失傳

裔興字演童顯鳳蘇氏失傳

端宴顯龍子母李氏失傳

宗廣顯豸子母李氏失傳

宗庇文錦子母　氏失傳

亞二妙孫長子母何氏失傳

初明妙言子母何氏失傳

真明妙昌長子母何氏生娶終葬莫考三子 長成 長
長國
惠
二明字 妙昌次子母何氏生娶終葬莫考一子 長文
三明字 妙昌三子母何氏無嗣
祚生字 公位長子母 氏失傳
琳儒字 公位次子母 氏失傳
琳盛字 公位三子母 氏失傳
琳郎字 公位四子母 氏失傳
公義字 奇魁子母 氏失傳
國臣字 象朝子母 氏失傳
太真字 象麟子母 氏失傳
斗明字 光宗長子母 氏失傳
斗經字 光宗次子母 氏失傳
國貞字 顯宗子母 氏失傳
夢元字 志良長子母曾氏往九江住

夢龍字　志良次子母曾氏往九江住

學澄字以文號穆蒼三槐長子母謝氏生于崇禎戊寅二月二十五終于康熙戊戌八月初八享壽八十一妻岡頭林氏合葬伏水竹圍園岡坐乾向异兼戌辰之原一子　祖寬

學成字開文三槐次子母張氏生于順治丁亥五月十七終于康熙甲午　月　享壽六十八妻孔邊方氏合葬新社一子　祖健

學中字淡文三槐三子母張氏生于順治乙未八月十八終于康熙辛未八月十八享年三十七葬新社妻方氏別適一子　祖昌

學鵬字翥文三槐四子母張氏生于康熙丁未月十八六終葬莫考無嗣

所進字以節號華珍兩柏子母李氏生于崇禎甲戌正月十四終葬莫考妻大杏高氏無嗣

法顯字以約兩銘長子母吴氏生于崇禎甲戌十二月終

葬莫考妻區村梁氏一子 承君
所仕字以伯兩銘次子母吴氏生于崇禎乙卯十月二十
五終葬莫考妻本里方氏一子 承德
禄卞字會文兩監長子母區氏生于順治庚寅七月初三
終葬莫考妻本里陳氏二子 自開無嗣契開失傳
禄卞字敬文號得升兩監次子母區氏生于順治甲午九
月初三終葬莫考妻本里方氏二子 巨開 細開
學涵字汪文兩監三子母區氏生于順治庚子三月二十
八終葬莫考妻黎氏别適無嗣
學賢字經文號鎮朝兩監四子母區氏生終葬莫考妻高
明羅屈黎氏一子 榮開
所養字紹文兩奇子母梁氏生于順治丁亥七月十七終
葬莫考妻新生陳氏一子 社才
所偉字國文兩性子嫡母黄氏生母李氏生于順治丙申
八月十一終葬莫考妻沙寮高氏無嗣

所裕字秉文號抱珍兩徵子母李氏生于順治丁亥七月二十三終于康熙丙戌　月　日享壽六十妻丹竈黃氏合葬岡咀三子　同公　同志　同春

成功字順文兩鶚子母方氏生于康熙壬寅八月十九終于康熙　閏五月二十妻黃岡里周氏一子　天時

所見字以義號素如兩儀長子母杜氏生于萬歷丁巳九月初六終于順治己亥八月十二享年四十三葬花園妻大杏陳氏二子　應期　應球

所能字以忠兩儀次子母杜氏生天啓壬戌十月十五終于順治戊子三月十一享年二十七葬岡嘴妻赤堪陳氏歸門二載蕙帳即空柏舟自矢水雪心肝松筠節操事姑益孝撫子彌勞奉祀宗祧和睦妯娌美著鄉族經捐嘗銀旌表以為節孝者勉一子　應連

所達字以信兩儀三子母杜氏生于崇禎甲戌四月初十終于順治庚子七月初五享年二十七葬岡嘴妻別適無嗣

所聞字以禮號融巷兩一子母謝氏生于萬歷甲寅八月
初七終于康熙甲辰九月初七享年五十一葬岡嘴妻大杏梁
氏三子　應芳　應芬　應仁
所知字以介兩元長子母方氏生于崇禎庚辰六月二十
一終葬莫考妻區村陸氏三子　社胤　社魁　社璧
所思字以望兩元次子母方氏生于順治丁亥二月二十
二終葬莫考妻丹竃梁氏無嗣
所敏字以敬兩端子母陳氏生于順治庚寅十二月初八
終葬莫考妻蘇村陳氏一子　社太
所誠字以斌兩端子母馮氏生于順治壬辰四月十九終
于康熙乙未五月十八享壽六十四葬岡嘴妻大妻梁氏一子
觀多
細叔兩魁子母蘇氏生于順治癸巳　終葬莫考住大果
承遠觀英長子母李氏生于治庚子八月初七終葬莫考
無嗣

承宗觀英次子母李氏生于康熙甲辰八月二十一終葬

莫考無嗣

承紀字書文觀顯長子嫡母關氏生母梁氏生于康熙辛酉三月十一終于康熙丁酉七月初八享年三十七妻方氏葬

莫考無嗣

大坑一子　應昌

承綱字策文觀顯次子嫡母關氏生母梁氏妻杜氏生終

莫考無嗣

承開字廣文號大才觀顯三子嫡母關氏生母梁氏生于康熙庚午八月十四身其康强老當益壯乾隆丙子闔族聯壽制帳黎慶公尊居首席弁冕耆英終于乾隆戊寅三月初四享壽六十九妻杜氏合葬岡一子　應聯　帳壽叙附列于后

恭祝

大榮封　大才　名遠　慎遠　逸樵　南山　集韶

冠一　國翁　乾叟　朝寶　高翁　朗耀　萃拔　百一

西林　樂客　阿翁　上枝　善翁　希一　經萬　樂野

順樂 樂莘 朝爵 隱林 美庵 碩翁 益善 文翁
題宇 樂三 溫直 爵一 逢各 俊如 伯成 柏川
順翁 益壯 紹基 天稰 臺轉 泌翁 如東 廷絢
西金 半閒 玉枝 熏翁 才林 東作 寵三 佐轉
東峰 滙川 迪昌 鳴鳳 成三 如柏 尊二 尊三
金客 如晏 如松
宗富 樂天 昆山 鏡池 名儒 懷山 西樵 德一 列

位羅先生千秋聯壽序

樵為矗天萬伊七十二峰高下羅列宛若一家之衣父昆弟子孫互相聯屬而碧梧翠竹與夫珍寶瑰瑋靡不包孕其中稱南海奥區環樵而居者數十百鄉類皆名門右族磊落而英多如良登之羅氏尤其較著者也余鄉距良登十里余少與羅氏文學君熾昌暨杰士同硯席為厚善之交當躡屐遨游其鄉見諸父老皆含淳抱樸能合族以禮卓然先民長者之風而其子弟亦彬彬乎質有其文焉蓋土安俗阜風習最為近古其醒

釀樵山之靈秀固已深矣自余登第通籍木天歷郎署而熾昌尚為諸生兩人中間離合且越二十余年比余

予告南旋間復進良登與熾昌握手道故往時之父兄子弟老者已臻耄耋壯者亦且杖於鄉杖於國而更杖於朝矣歲之中秋羅氏將集一家之耆舊年則自六十以至九十人則合父子取迄兄弟世次五代壽者得七十餘人相粉肅錦稱萬年之觴熾昌於是屬余為序余孜古若唐之香山宋之耆英皆以老壽為社會赫然彪炳於史册然大抵地非一處人不一姓今羅氏乃薈萃於一門或以孝友著或以厚行彰或以才猷術業奮起於州里之間品詣難不盡同要其一門五巨壽域咸登播皤皤數十翁儼然如西樵一脈而發奇於七十二峰所謂深山大澤實產龍蛇虎豹者胥於是乎在以視香山耆英之舉厚幸為何如猗歟休哉其殆　朝廷重熙累洽久道化成之治有以致然而岳瀆為之效其靈歐徒此由耄耋以迄期頤共歌樂只於無窮也宙有既耶詩曰如南山之壽不為壽星之次良登南

封西樵此日賓朋雜介徵心者此則
國家升平之盛事也夫亦即羅氏侑爵之意也夫因為之
序乾隆二十一年幾次丙子中秋穀旦
賜二甲進士出身
誥授奉政大夫禮部祠祭司郎中加一級前癸酉科鄉試欽命
順天同考試官庚午科鄉試
欽命福建副主考官念封司主事翰林院庶吉士年家鄉眷弟
馮成修首拜撰鄉進士出身
特授儒林郎任四川直隸達州督理鹽茶總捕清軍糧
聽兼巴塘務府事加一級年眷弟游飛鴻頓首拜書

承科字德文觀逵子母劉氏生于康熙癸酉七月初七終于乾隆壬戌九月二十二享年五十葬區屋岡妻游氏三子
閏連　閏三　閏魁

承建字卓文號特錦觀華長子母楊氏生于順治辛丑五月二十一終于雍正戊申四月二十六享壽六十八葬榕岡妻

陳氏二子　應祥　麟祥
承敦字實文號確絲觀華次子母楊氏生于康熙乙巳九
月二十四終于乾隆戊午正月初七享壽七十四妻張氏繼娶
孫氏葬榕岡一子　應壽孫氏出
承芳字能文號樵漁觀華三子母楊氏生于康熙戊申八
月初五終于乾隆丁卯正月二十七享壽八十妻杜氏合葬榕
岡三子　應謀　應謨　應讓
夢益字昌蕃號桂廷萬各子母陳氏生于天啓壬戌九月
二十九終于康熙甲戌七月十三享壽七十三妻清塘陸氏繼
娶範氏合葬潤螺岡生一子達訓出族生孫亦然幸生一曾公
貴照譜便缺其出族花名譜其曾繼後
家劑萬雄子母梁氏失傳
士元安昌泰號喜廷應祖子母區氏生于萬歷戊申十月
十二終于康熙已未　月　享壽七十二妻龍池梁氏合葬
巷邊一子　尚隆

夢槐字昌建號杰廷應時子母馮氏生于萬歷丁巳八月
初五終于康熙壬寅七月二十二享年四十六妻基寮潘氏合
葬沙岡三子　尚綸　尚緯　尚經
夢魁字昌運號熙廷應長子母梁氏生于萬歷甲寅十月
十八終于康熙壬戌　月　享壽六十九妻本里陳氏繼娶鄧
氏黄氏葬巷邊二子　尚迪陳氏出沿榮鄧氏出
夢宿字昌會號輝廷應暉次子母梁氏生于萬歷丁巳八
月十二終于康熙乙巳十一月　初九享年四十九妻本里方氏
合葬沙岡三子　尚本　尚義　尚澤夢壁應子母陳氏順德
潭洲住
祖胤字昌祚號衍繁珩長子母張氏生于萬歷庚戌二月
十五終于康熙乙巳五月初一享年五十六妻區氏合葬松岡
三子一俊一佶一保
祖裔字昌謀號培芝珩次子母張氏生于萬歷十巳十月
初三終于康熙丙戌二月初二享壽九十妻蘇村徐氏繼娶大

果杜氏合葬松岡二子　一信　一倫出俱杜氏祖庇字昌浩
號進元瑜長子母蘇氏生于天啓丁邛正月二十六終于康熙
已未九月初十享年五十三妻祖恩字昌泓號直元瑜次子母
蘇氏生于崇禎癸酉三月初三終于康熙癸亥六月二十享年
五十一妻沙浦周氏合葬飛鵝岡三子　逢吉　逢熙　逢光
祖蔭字昌餘長子母薛氏生于崇禎已巳九月初九妻蘇村陳
氏終葬莫考無嗣
　祖興字昌慶次子薛氏生于崇禎壬申九月十一終于順
治庚子十一月初五享年二十九妻竹逕李氏合葬大坑二子
惠孫　就孫
　太元字子俊號卓一祖純繼子繼母別適生母梁氏生于
萬歷癸丑九月十八終于康熙戊辰十月初五享壽七十六妻
蘇村蘇氏妾鄧氏合葬松岡二子康宗　康瑞俱鄧氏出
　太科字子肖號超一祖善長子母梁氏生于萬歷已酉十
月初九妻石牛風蘇氏繼娶大渦黃氏終葬莫考嗣無帝禎字

子肖號超一祖善長子母梁氏生于萬歷己酉十月初九妻石
牛岡蘇氏繼娶大渦黃氏終葬莫考嗣無帝禎字子發祖德長
子母陳氏生于崇禎丙子二月十二妻蓬村蘇氏終葬莫考無
嗣
帝睿字子穎祖德子生于順治乙丑十一月二十五終葬
莫考無嗣
太養字子育應騰長子母杜氏生于崇禎辛巳四月十八
終于康熙辛巳十一月初四享壽六十一妻上仙岡陳氏合葬
白雲岡三子　文新　文發　文喜
太福字子禮應勝次子母杜氏生于順治辛卯十一月二
十終于康熙乙巳八月二十一享壽七十五妻區氏合葬白雲
岡三子　康裔　康猷　康保
昆玉字子聞號先覺萬佶長子母區氏生于萬歷甲寅五
月二十六少而篤學不息三到之神長而明經能充四端之有
由吏員歷三考藏器於身待時而動心性靈明義理昭著為衆

所推修輯譜系終于康熙壬子十一月初七享年五十九妻大
東杜氏繼娶亦大杏馮氏合葬屈龍岡三子　偉量　偉佐
偉任俱馮氏出
兆鵬字子震號扶九萬杰三子母區氏生于崇禎壬申十
二月初二終莫考葬屈龍岡妻本里區氏別適一子　偉裕
兆桂字子尚號為一應選繼母別適生母區氏生于萬歷
丙辰九月十八終莫考妻清塘鄧氏繼娶龍慶村陳氏一子
偉翼陳氏出
兆能字子霍應鳳子母林氏生于崇禎甲戌九月十三終
于康熙丁卯四月初八享年五十四妻大杏蕭氏合葬松園三
子　偉士　偉問　偉爵
兆祥字子麟號爾錫大明子母陳氏生于萬歷乙未六月初
二終于康熙丙午十一月初七享年四十八妻大杏杜氏合葬
本鄉大坑岡四子　偉學　偉達　偉顯　偉彥
兆論字子評大成子母何氏生母杜氏生終莫考葬白雲岡

無嗣有業從兄子孫永遠奉祀
辰孫字允舉庚科長子母梁氏生于萬歷庚辰二月十三終
于崇禎辛巳七月二十二享壽六十二妻馮氏合葬南蛇地一
子以振
壬孫字允志庚科次子母梁氏生于萬歷壬午三月初十
終于順治丁亥四月初三享壽六十六妻張氏合葬杏尾一子
以言

仲房十六世
之屏字作孚號覺生志豪長子母梁氏生于萬歷丙申十
一月十四吏員終于崇禎辛巳二月十二享年四十六妻沙滘
何氏葬莫考二子　祚先　胤先
憲聰字作睿號伍存志豪次子母梁氏生于萬歷乙巳十
月初五終于康熙丙午十一月十三享壽六十二葬西邊坑妻
大沙吴氏二子　天植　天相

憲驊字作隆志豪三子母梁氏生于萬曆申二月初十終于順治壬辰五月十四享年四十五葬西邊坑妻大杏張氏別適一子　天就

之亮字作衡號瑞一志豪四子母梁氏生于萬曆壬子十一月二十五由武生職授守備管增城鷓鴣營務終葬莫考妻西城潘氏失傳

觀錫字作球號榮璋志高子母李氏生于萬曆乙未九月十八終于康熙癸丑三月初四享年五十五妻區氏村區氏合葬大坑四子　天鳳　天麟　天豸　天鵬

憲韜字作良號敬衷志亮子母倫氏生于萬曆庚戌六月二十終于康熙乙巳四月二十二享年五十六葬大坑妻徐氏無嗣

唐弼字作屏號爕元思明子母黎氏生于萬曆丁未十二月二十九吏員終于康熙丁巳十一月初二享壽七十一妻本里方氏葬梅步繼娶大岡林氏側室陳氏一子　康長陳氏出

唐禎 字作霖思聰長子母杜氏生于萬歷癸丑正月十一
終于順治甲午十月二十六享年四十二葬后岡妻西城游氏
別適一子 金聲外出
唐柱字作熙思聰次子母杜氏生于萬歷乙卯閏八月十
二終于康熙丙午二月十七享年五十二葬后岡妻本里方氏
無嗣
唐盛字作式思聰 三子母杜氏生于天啓壬戌九月初六
終葬莫考妻西城吴氏一子 君受
有物字仍芳仲榮子母良氏生終葬莫考失傳
有貴字令聞仲禄子母蘇氏生終葬莫考妻大沙吴氏一
子 社戴
有諒字令彰仲達長子母符氏生終葬莫考妻 氏別適
一子 丙孫隨往
有相仲達次子母符氏生終葬莫考
武勝君德子母陳氏生于萬歷丁巳四月初八外出

逢盛字景開號耀階應鸞長子母區氏生于萬歷己巳正
月初八終于順治辛丑閏七月二十七享年五十七妻七妻大
岡劉氏妾張氏合葬白雲岡一子　連相張氏出
逢昌字泰開號堯階應鸞次子母區氏生于萬歷庚戌十
月十八終于順治庚寅九月初一享年四十一妻大杏杜氏合
葬沙岡一子　連卿
嘉賓字期開號廷客應亨長子母李氏生于萬歷辛亥五
月十九終于康熙乙未九月二十八享壽六十九妻李氏葬沙
岡二子　并德　并生
嘉賢字榮開應亨次子母李氏生于萬歷乙未十一月二
十六終葬莫考妻李氏無嗣
嘉宰字序開應亨三子母李氏生于崇禎丙寅二月二十
六終葬莫考妻劉氏無嗣
嘉謀字緒開應杰子母周氏生于萬歷丙辰五月十八終
葬莫可妻石牛岡蘇氏別適無嗣附祀仲房

社君學賢子母曾氏生于順治辛卯二月十六終葬莫考
妻林村潘氏無嗣
社貴字建開玉賢長子母潘氏生于崇禎癸酉四月十二
終于康熙丁丑十二月二十四享壽六十五妻小杏陳氏葬沙
岡一子 文聰
社平字卓開玉賢次子母潘氏生于崇禎戊寅六月十四
終葬莫考妻潘氏無嗣
廷玉字明生萬爵子母盧氏生于崇禎辛巳八月十四終
于康熙丙子十月初五享年五十六妻白坭鄧氏繼娶盧氏合
葬閏螺岡三子 彌覺鄧氏出 斯覺 三覺俱盧氏出
明孫字進昌孟芳子母黎氏生于崇禎乙亥八月十一妻
氏帥邊住
來孫字昌之仲芳長子母陸氏生于天啓癸亥八月二十
八終于康熙乙卯三月十三享壽七十七妻何氏合葬閏螺三
子 祖養 祖佑 甲養

受孫字昌盛仲芳次子母陸氏生于崇禎乙亥七月初四

妻李氏一子　丁養　帥邊住

若騮字龍駿號迴一萬象繼子母何氏生母潘氏生于萬歷丙辰四月初四終于康熙辛酉四月初九享壽六十六妻三水坭坑陸氏合葬大坑二子　文附　文亮

若騶字龍孫號天渠萬達長子母潘氏生于萬歷壬寅十二月二十四終于天啓丙寅七月初八享年二十五妻省城余氏合葬兩邊坑無嗣

若駒字龍媒號起蒼萬達次子母潘氏生于萬歷丙午十月十五終于順治戊子十一月十七享年四十三葬中堂岡妻莊邊梁氏別適無嗣

若驊字　萬達三子母潘氏吏員生娶終葬莫考失傳

若驥字龍行號起寰萬達四子母潘氏生于萬歷癸丑九月十六終于順治戊子十月初九享年三十六葬西　邊坑妻西樵何氏一子　文佐

若聰字龍章號滚思萬達六子母潘氏生于天啓乙丑二
月初八終葬莫考妻何村楊氏繼娶清塘鄧氏生三子 文翰
文先 文顯俱鄧氏出
永祚字衍之號嗣光述綸長子母游氏生于萬歷丁未九
月初三終于康熙癸亥八月初四享壽七十七妻伏水麥氏葬
西邊坑一子挺繁
尚祖字耀宗號續光述綸次子母梁氏生于天啓癸亥十
一月十九終于康熙丁丑閏三月初四享壽七十五妻清塘鄧
氏葬松園岡二子 喻義 喻信
士通字貫之述經長子母黄氏生于天啓壬戌十二月二
十七終于順治壬辰十一月初五享年三十一妻沙塘角梁氏
合葬沙岡二子 喻權 喻誠
士浩字廣之號朝光述經次子母黄氏生于崇禎癸酉十一
月初一終于康熙壬戌二月初六享年五十妻蘇村徐氏葬沙
岡三子 喻華 喻管 喻禮

啓祚字　明德子母梁氏生娶終葬莫考失傳
廷藎字必后明奇子母蘇氏生于萬歷丙辰八月二十二
終葬莫考失傳
廷訓字冲俊號聖賓明運長子母關氏生于天啓乙丑九
月十八豁然貫通凛然持守深得武仲之智公綽之不欲纂修
譜系終于康熙戊午七月十五享年五十四妻大渦黃氏葬沙
岡一子　貴養
廷詔字宣俊號聖贊明運次子母關氏生于天啓丁卯七
月十八終于康熙壬申七月初六享壽六十六妻麗山陳氏葬
地塘園三子　觀養　宗養　積養
廷誥字召俊號殿賢明運三子母關氏生于崇禎己巳十
一月十五終于康熙壬戌六月初二享年五十四妻沙水劉氏
葬地塘園二子　公養　芝養
廷讓字挺俊號聖圖明運四子母關氏生于崇禎甲戌四
月初十終于康熙癸丑三月十六享年四十妻蘇村徐氏葬沙

岡無嗣
廷試字拔俊細十繼子繼母陳氏生母關氏生于順治乙
酉十一月十八終于康熙癸巳八月二十五享壽六十九妻大
渦張氏葬大坑岡生一子　亞順
亞進字汝宗瓊章長子母梁氏生于萬歷甲寅正月十二
妻龍涌謝氏終葬莫考生五子　子良　子温　子恭　子
讓　子惠　子良出繼尚昇
二時字汝振瓊章次子母梁氏生于萬歷丁巳正月二十
二終葬莫考妻大敦馮氏妾黎氏生四子　子儉馮氏出　子
信　子直　子珍黎氏出
三進字汝聞瓊章三子母梁氏生于天啓壬戌八月十八
終葬莫考妻登洲黄氏二子　子明　子德
令則學舉子母黎氏生于萬歷乙酉十一月初八終葬莫
考
族興字裔蕃遇中子徐氏生于萬歷甲午九月二十四終

崇禎戊辰十一月十三享年三十五妻沙頭岸何氏合葬大坑
一子　初捷

族豪字汝佑號弼臺遇才長子母何氏生于萬歷丙申八月初六終于順治乙亥二月十三享壽六十四妻沙寮吴氏合葬大坑繼室大仙岡陳氏二子　初法　初旺

族禎字汝祥遇才次子母何氏生于萬歷甲辰十一月二十二終于順治癸巳六月十六享年五十妻沙寮吴氏葬莫考

一嵩字汝創遇聖子母陳氏生于萬歷壬子九月二十五終于順治丙戌四月二十二享年二十五妻竹逕曾氏合葬烏飯岡無嗣

有明字汝擴號充廷遇能長子母杜氏生于萬歷癸丑八月二十九終于康熙丁未正月初三享年五十五妻西城陳氏葬大坑一子　初薦

有來字汝耀號寰霄遇能次子母杜氏生于萬歷乙未二月十一終于葬莫考妻本里陳氏二子　初榮　阿六

族魁字汝耀號壯寰遇隆子母陳氏生于萬歷庚子八月
十六終于康熙庚戌七月二十五享壽七十一妻丹竈黄氏合
葬大坑四子　康澤　祖澤　帝澤　皇澤
戊科遇麟子母麥氏生于萬歷戊午四月十一終葬莫考
失傳
族永字汝雄號逸南遇俊子母何氏生于天啓乙丑九月
初六終于康熙癸酉二月十一享壽六十九妻丹竈梁氏合葬
大坑三子　滋澤　候澤　遥澤
族聖字汝超申長子母陳氏生于萬歷癸巳六月十六終
于崇禎己卯十月二十享年四十七妻大杏麥氏合葬大坑一
子　初定
族賢字汝陛申次子母陳氏生于萬歷己未二月初六妻
沙浦陳氏終葬莫考失傳
亞細閏良子母梁氏生于萬歷辛卯正月二十終葬莫考
失傳

亞細字汝進號仰屏直子母蘇氏生于萬歷甲寅七月十九終于康熙甲辰十月二十一享年五十一妻何氏合葬大坑一子 誠名

族傳貴科平區氏生于萬歷甲辰七月初十早亡

族昌字汝祥號我清貴定子母黎氏生于萬歷壬寅九月十一終于康熙庚申二月二十四享壽六十九妻基寮潘氏葬莫考三子 康祚 康烈 康結

尚貽字汝為遇相子母甘氏生于天啓壬戌八月十五終于順治甲午正月初九享年三十三妻大杏高氏合葬大坑失傳

尚勳字汝良遇棟長子母杜氏生于崇禎丙子二月初六終于康熙庚子十一月十八享壽八十五妻西城潘氏合葬大坑一子 初璧

尚勤字智良號卜一遇棟次子母杜氏生于崇禎甲申三月初九終于康熙辛卯十二月十五享壽六十八妻大沙劉氏

合葬沙岡一子　社壁
尚劭字懷良遇棟三子母杜氏生于崇禎丙戌十月二十
七終于順治辛丑正月初六享年三十八妻黃岡尾周氏合葬
大坑一子　聖裔
族猷遇杰長子母李氏生于萬歷丙辰十月十二終于天
啓丁卯　月　葬莫考失傳
尚奇遇杰次子母李氏生于天啓甲子八月十六失傳
尚昇字汝忠號我赤遇彬長子母李氏生于崇禎乙巳六
月十六終于康熙乙丑五月初四享年五十七妻灣頭杜氏合
葬大坑岡立一子　子良
尚業字燕忠號庚廷遇彬次子母李氏生于崇禎乙亥十
月十七持己有合與人有恭不愧不怍不兢不求烏篆秋蛇持
觚神其鐵畫終莫考妻大仙岡陳氏合葬大坑一子　聖德
族芳字汝盛　文元長子生終葬莫考
族錦字汝登文元次子母　氏生于萬歷癸酉十月十一

終葬莫考妻鄧氏

族定字汝安文元三子母　氏生于萬歷庚辰十月二十

終葬莫考妻白坭陳氏二子　初養　亞車

族良字汝興文元四子母　氏生于萬歷癸未三月十五

終葬莫考

族先字汝昌號開我文貴長子母鄧氏生于隆慶戊辰七

月十三終于泰昌庚申十一月二十享年五十三妻蘇村徐氏

合葬沙岡三子　初裔　初祚　初裕

族敏字汝禎文貴次子母郭氏生于萬歷辛卯三月二十

八終于崇禎庚辰四月十九享年五十妻大仙岡陳氏合葬烏

飯岡無嗣

族華字汝飾號偉一著彩子母鄧氏生于萬歷甲辰四月二十

九終于順治乙亥四月初三享年五十六妻王邊徐氏合葬磊

高二子　康子　康裔

族才字汝能文兆子母　氏生于萬歷辛卯八月二十四

終葬莫考失傳

積遠字宇榮文裔長子母　氏生終葬莫考

積達字宇爵文裔次子母　氏生莫考終于崇禎癸未十
二月二十八妻岡頭謝氏合葬岡頭沙一子　儒

季房十六世

聖澤字文學號太初師教子母鄧氏生于萬曆丙申四月
十二終葬莫考妻西城潘氏二子　善紀　善穩

參澤字文奇號太一師教次子母鄧氏生于萬曆乙巳七
月初五終葬莫考妻區村區氏繼娶梁氏二子　善運　善選
俱區氏出

勝韜字文毓師教三子母鄧氏生于萬曆辛亥九月初八
終于順治甲申七月初六享年三十四妻大仙岡陳氏合葬沙
岡一子　善謙

應宗字慎之萬高長子母何氏生于萬曆戊戌正月初四

終于順治甲申　月　享年四十六妻　陳氏合葬屈龍岡二子
調元　廷元俱往南雄充伍
　應芝字慎奇萬高次子母何氏生于萬歷戊辰六月三十
終于順治辛卯九月　享壽八十四妻陳氏合葬坑岡二子
勝弟　復弟
　應蘭字慎桂萬高三子母何氏生于萬歷庚戌十月十一
終于順治壬辰六月十九享年四十三妻陳氏合葬坑屈頭二
子　拱弟　逢弟
　念宗字聯之號樂山萬方長子張氏生于萬歷庚子十一
月初二終于順治乙酉九月十三享壽七十妻葉氏繼娶潘氏
二子　天裕葉氏出　崇杰潘氏出
　應京字榮之號義我萬方次子母張氏生于萬丁未四月
初四終葬莫考妻杜氏繼娶李氏一子　崇茂杜氏出
　應舉字榮魁萬方三子母張氏萬歷壬子　終于順治庚
寅　享年三十九葬坑屈岡妻鄧氏一子　天弟

應結萬方四子母張氏生葬莫考無嗣
勝兆字文芳號念樵希立長子母張氏生萬歷庚子　終于順治庚子十月　享年六十一妻本里陳氏合葬大坑岡一子　添禄
勝裔字文義號念波希立次子母張氏生于萬歷己酉十一月初八終莫考妻本里陳氏合葬岡嘴生一子　天麒
勝魁字文禮希立三子母張氏生于萬歷壬子七月　一終于順治壬辰四月二十四享年四十一妻大沙劉氏合葬岡欄一子　添進
勝有字文樂希立四子母張氏生終葬莫考無嗣
社榮字文壽號尼祝萬興長子母何氏生于萬歷甲辰正月十六終葬莫考妻區村區氏繼娶李氏三子　天斌　區氏出天性　天德俱李氏出
社雄字文英萬興次子母何氏生于萬歷壬子二月二十二終于順治戊子　享年三十七葬蜆殼岡妻陳氏别適一子

社奇字文裔萬足長子何氏生終葬莫考妻區氏一子
初貴
社貴萬足次子母何氏往東莞住
社青萬足三子母何氏往廣西
社佑萬勝子母李氏生終葬莫考失傳
聖孫萬有子母何氏生終葬莫考失傳
有奇字文仰號尼尊萬境長子母張氏生于天啓乙丑二月二十六終于崇禎壬申正月二十八壽六十八妻本里陳氏合葬岡嘴二子　日喜　日明
有异字文美萬境次子母張氏生于天啓丁卯十月二十八終于康熙甲辰五月十一享年三十八葬岡嘴妻陳氏别適二子　日輝　日蟾
有年字文超萬境三子母張氏生于崇禎丁丑十二月三十終于康熙庚辰十一月初一享壽六十四妻大果鄧氏合葬

莫考無嗣
有賢字文斐萬石子母蘇氏生于崇禎乙酉八月十六終
于康熙戊子九月初八享年三十四妻勞邊徐氏一子　帶興
九有字文會號尼大萬嘉長平符氏生于順治丁亥九月
二十九終于康熙壬辰七月初十享壽六十六妻大仙岡陳氏
一子　天鳳
九經字文紀萬嘉次子母符氏生于順治癸巳九月十二
終葬莫考妻沙塘角梁氏四子　天庇　天球　天禄　天
瑞
有科字文立號青山萬岳長子母潘氏生于崇禎癸未三
月初九終于康熙壬辰八月初六享壽七十妻龍池區氏合葬
大坑岡坐巽向乾之原失傳
有魁字文高號尼山萬岳次子母潘氏生于順治庚寅十
一月二十一終于康熙辛卯八月初三享壽六十二妻田心葉
氏合葬蜆殻岡坐未向丑之原二子　天聰　天睿

有癢字文客萬岳三子母潘氏生順治壬辰十二月初一
終于康熙壬戌七月初五享年三十一葬大坑坐巽向乾之原
妻甘氏失傳
勝耀字恒輝萬程子母郭氏生于天啓甲子十月二十一
終于康熙甲辰四月十七享年四十一葬榕山岡妻黄氏別適
無嗣
勝業字恒貞號冠儒萬貴子母帥氏生于崇禎甲戌十一
月十六姿高學力足振鐸鄉鄰里社桑梓春風遍及門牆兆李
時雨均沾終于康熙庚辰九月二十三享壽六十七妻大果杜
氏合葬上坑岡二子　君成　君賢
尚遇字會章號魯恂萬聰子母陳氏生于順治壬辰正月
二十終于康熙庚子九月二十四享壽六十九妻本里方氏續
娶西城潘氏生三子　鳳高　鳳卜方氏出　鳳雛潘氏出
尚簡字恒章號翼宸萬逵長子母潘氏生于崇禎庚午二
月二十四終于康熙辛巳二一十一享壽七十二妻勞邊勞氏

合葬區屋岡坐巳向亥之原生三子鳳翔　鳳池　鳳九出繼
尚典字閣章號錦臺萬逵次子母潘氏生于順治甲申二
月十四終于康熙己巳二月初三享年四十六妻竹逕關氏合
葬莫考立一子　鳳九
勝昌字恒泰號心暢萬置子母蘇氏生于天啓丁卯七月
初八終于康熙甲寅正月二十七享年四十八妻本里楊氏合
葬岡嘴二子　鳳榮　鳳元
觀從字恒升萬秩長子母劉氏生于天啓戊辰十一月十
五終葬莫考妻孔邊方氏葬岡嘴二子　鳳德　鳳文
觀福字恒贊萬秩次子母劉氏生于崇禎壬申十一月二
十六終葬莫考妻陸氏一子　亞才高明住
觀保字恒新萬秩三子母劉氏生于崇禎甲戌二月初七
終莫考妻石牛岡蘇氏葬蜆殼岡無嗣
尚書字恒修萬益長子母劉氏生于崇禎丁丑十一月十
一往高明妻陳氏終葬莫考無嗣

尚禮字斐章號伯順萬益次子母陸氏生于順治丙戌九月二十八忠誠信直鄉族咸欽終于雍正壬子正月初十享壽八十七妻小樂黄氏繼娶區氏合葬榕山岡一子　紹弟黄氏出

尚仁字焕章號堯治萬宜長子母陳氏生于崇禎庚辰七月二十終于康熙甲寅二月十一享年三十五妻孔邊方氏合葬榕山岡一子　鳳詔

尚紀字顒章號翰芳萬宜次子母陳氏生于順治甲申六月二十三終于康熙癸巳閏五月二十九享壽七十妻大仙岡陳氏合葬蜆殼岡三子　鳳祥　鳳喈　鳳亨

尚惠字贊章萬宜三子母陳氏生于順治丁亥七月　十八終于康熙庚辰四月二十享壽六十四妻大東杜氏合葬榕山岡二子　燕寬　燕悦

尚肄字有章萬宜四子母陳氏生于康熙甲辰七月二十終于雍正甲寅二月十一享壽七十一妻張氏合葬榕山岡三

子　士進　品進　會進
尚美字楚章萬宜五子母張氏生于康熙壬子七月初三
終于雍正辛丑正月二十享年五十妻渦村李氏合葬榕山岡
一子　仁廉
勝紀字炯蕃號耀遠萬寶繼子繼母何氏生母杜氏生于
天啓辛酉五月初二終于康熙丁卯二月初四享壽六十七妻
大沙楊氏合葬蜆殼岡生三子　帝恩　帝錫　帝膏
勝綸字進蕃號耀熬萬財次子母杜氏生于天啓癸亥十
月二十七終于康熙丙午八月初八享壽七十四妻游氏合葬
大坑二子　帝寵　帝胄
勝絲字憲蕃號耀臺萬財三子母杜氏生于崇禎丙寅十
二月十七終葬莫考妻陳氏一子　帝榮
勝經字達章號耀廊萬善子母陳氏生于天啓乙丑九月
二十四終于康熙丙寅三月二十三享壽六十二妻孔邊吴氏
一子　帝拱

亞勇萬瑞子母莫氏生終葬莫考大岸住
尚節字旋吉號兆臺萬作長子母吴氏生于崇禎庚午七
月十五終莫考妻大果陳氏生四子　帝簡　帝舉　帝永
帝英
尚賢字仍吉萬作次子母吴氏生于崇禎丁丑四月初三
終壽莫考妻沙塘角梁氏一子　天聖
尚學字元吉萬作三子母吴氏生于崇禎癸未正月二十
一終壽莫考妻勞邊勞氏一子　帝德
尚禄字恒吉萬作四子母吴氏生于順治丙戌九月十五
終壽莫考妻逕李氏一子　天遇順德桂洲住
尚考字朝吉萬來子嫡母鄧氏生母李氏生于順治戊子
閏四月二十三終壽莫考葬岡妻丹竈謝氏別適一子　亞亮
失傳
尚負字携吉萬鵬子母何氏生于順治庚寅十一月二十
三終壽莫考妻本里吴氏合葬沙岡一子　連壽失傳

尚著字秉吉萬乘長子母李氏生于崇禎辛未九月十六
前往廣西終壽莫考妻陳氏葬后岡
尚逞字奇吉萬乘次子母李氏生崇禎丙子正月十九妻
新生陸氏同終于康熙丁酉正月初八合葬沙岡坑禿遺祭田
麥弓墾二丘附一皇共一石付
祀曾祖懷榕公永享蒸嘗
尚籌字師吉萬育長子母甘氏生于崇禎戊辰二月二十
九終于順治丁酉五月初三享年三十葬榕岡妻華夏馮氏孀
守至年八十二子　善文　善政
尚策字貞吉萬育次子母甘氏生于崇禎辛未九月二十
五終于康熙甲辰八月二十六享年三十四葬蜆殼岡頭林氏
孀守至八十二合葬一子　善材
尚達字乾吉萬表長子母梁氏生于順治丁亥三月二十
九終于康熙丙辰七月十八享年三十妻蘇村陳氏合葬上坑
岡二子　善養　善由

尚通字魁吉萬表次子母梁氏生于順治乙丑六月十九
終于康熙丁巳十月二十享年二十九妻石牛岡蘇氏孀守至
年九十二雍正乙巳乾隆戊午叠受寵錫合葬蜆殼岡遺田附
祀永享

尚選字聘吉號貢川萬表三子母梁氏生于順治癸巳十
二月十三終于雍正乙巳二月初五享壽七十三妻丹竈謝氏
合葬上坑岡一子　善彰

尚遠遐字吉號偉度萬表四子母梁氏生于順治庚子正
月初十終于康熙壬寅九月二十七享壽六十三妻大果杜氏
合葬蜆殼岡三子　善賢　善孝　善樂

尚賓字華吉號茂長萬年長子母陳氏生于順治壬辰十
一月十八終于雍正丁未九月二十享壽七十六妻灣頭杜氏
雍正乙巳
皇恩寵錫合葬區屋岡三子　開先　康先　進先

尚拔字題吉萬年次子母區氏生于順治丙申二月二十

六終于康熙癸巳九月十八享年五十八妻區村區氏合葬岡
嘴二子　善慶　善静
尚霖字靄吉萬年三子母區氏生于順治庚子五月十二
終于康熙乙丑八月二十享年五十妻沙滘梁氏合葬區屋岡
三子　善議　善泳　善誎
尚國字拱吉萬年四子母區氏生于康熙丙午六月二十
三終于康熙乙酉十月初六享年四十妻沙水劉氏繼娶横村
劉氏合葬岡嘴二子　序帶沙劉氏出　科帶劉氏出
孟孫字雲吉號青容萬昌子母杜氏生于崇禎丁丑五月
十八終于康熙甲午正月十二享壽七十八妻區村李氏合葬
岡嘴　三子　善敬　善甫　善志
聯科字簡輝萬彪子母何氏生于順治戊戌四月初五終
壽莫考妻蘇氏合葬后岡無嗣
逢科字燕輝萬周長子母何氏生于康熙丁未二月十五
至誠忠厚重義輕財康熙丁亥季房祠推為總理度支有法工

料無虛終于康熙丁酉七月十二享年五十一妻渡窄馮氏合
葬后岡四子　大成　引成　序成　裕成
應科字蟾輝萬周次子母何氏生于康熙辛亥三月二十
五終于康熙丁丑二月十二享年二十七葬竹逕岡妻蘇村陳
氏別適無嗣
貴科字朝輝萬周三子母何氏生于康熙辛酉五月二十
九終于康熙癸未八月二十一享年二十三葬竹逕岡妻周村
杜氏別適無嗣
紹鳴萬庇長子母鐘氏生終葬莫考　順德龍潭住
紹英萬庇次子母鐘氏生終葬莫考　順德龍潭住
紹倫字以瑞萬祜長子母潘氏生于順治甲申三月二十
五終于康熙壬午三月二十七享年五十九妻龍潭梁氏六子
社元　社昌　社遇　社恩　社賢　社亮
紹克萬祜次子母潘氏生終葬莫考順德龍潭住
紹鵬字以洪萬宣子母李氏生于崇禎庚午五月二十八

終葬莫考妻趙氏一子　社孫順德龍潭住
紹保字以吉萬裕子母梁氏生于順治己酉九月十九終
于康熙丁丑四月二十享年五十三妻麥氏葬莫考二子　帝
孫　勝寬
紹瑜萬載長子母關氏生終莫考失傳
志科萬載次子母關氏生終莫考失傳
明德萬顯子嫡母方氏生母杜氏生終葬莫考失傳
紹鳳字以儀萬禎長子母李氏生于天啓丁卯七月二十
二終葬莫考妻孔邊方氏二子　應福　應韜
紹鸞字以泰萬禎次子母李氏生于崇禎甲戌閏八月十
六終葬莫考妻大坑甘氏一子　家望
紹龍字以位萬禎三子母馮氏生于崇禎壬午四月初十
終于康熙己卯十一月二十享年五十八妻赤勘陳氏合葬後
岡二子　帝倖　帝高
四弟字以帝萬烈子母梁氏生于康熙壬寅二月十二終

于雍正丁未十一月初一享壽六十六妻田心譚氏繼娶謝氏
合葬新社岡一子　文德謝氏出
紹章字以奉號臺垣萬福長子母馮氏生于崇禎甲申八
月二十八終于康熙甲午八月二十二享壽七十一妻陸氏合
葬后岡三子　文元　文享甲　嘉元
紹郎字以玖號居瓊萬福次子母馮氏生于順治丙申九
月初十終于雍正已酉十一月十三享壽七十四妻劉氏合葬
后岡二子　帝元　貴元
好弟字燕芳號樂軒萬鐘子母張氏生于康熙戊申正月
初一于于雍正癸丑六月二十八享壽六十六　丹竈謝氏合
葬后岡一子　癸發
天錫萬嵩子母李氏生終葬莫考失傳
繼德會子母劉氏生終葬莫考失傳
舒榮祖泰子母方氏生終葬莫考失傳
廟科字上進號梯衢高長子母馮氏生于順治丁酉二月

十二終于雍正戊申三月十一享壽七十二葬岡咀妻大沙何
氏葬仙人仰睡岡一子 觀明
廟勝字上宣萬高次子母馮氏生于康熙乙巳五月十八終于
康熙甲午三月初二享年五十妻西城吴氏葬岡咀無嗣
廟經字上斌高三子母馮氏生于康熙已酉四月十一終
于康熙辛卯三月十四享年四十三妻孔邊方氏合葬后岡無
嗣
榮科字 溢子母潘氏生終葬莫考失傳
效知字慎行號素懷萬物長子母陸氏生于歷已丑二月
十一終于崇禎癸酉六月二十三享年四十五妻沙滘黄氏合
葬后岡一子 裔雄
效覺字慎習萬物次子母陸氏生于萬歷庚寅十月初五
終于崇禎辛巳十一月初一享年五十二妻李氏合葬大辣地
一子 裔俊
效聖字集成號法孔萬全長子母區氏生于萬歷已亥六

月十三終于崇禎辛巳十一月初五享年四十三妻氏合葬上
坑無嗣
效孟字集賢號師孔萬金次子母區生于歷戊申十二月
初七終于順治甲午二月初十享年四十七妻沙寮吴氏合葬
沙三子　應鴻　應昆　應鰲
效曾字炯儒號殿臣萬春子嫡母方氏生母劉氏生于萬
歷丁巳十二月十六由吏員任守備終于順治壬辰十一月十
三享年三十六妻梁氏合葬大辣地生三子　應科　應庠
應第
效才字集儒號侶文萬爵子母歐陽氏生于萬歷壬子閏
十月二十五終于順治癸巳十一月二十八享年四十二妻小
杏黄氏合葬大辣地一子　應元
聖就字孔懷號四海萬卷長子母鄧氏生于萬歷丁未三
月初三終于葬莫考妻區氏别適無嗣
聖年字孔兆號吉所萬卷次子母鄧氏生于萬歷亥十二

月二十四終葬莫考妻大杏張氏生一子　應朝

聖魁字孔聯萬卷四子母鄧氏生于歷戊午七月十六終

于順治庚子四月二十八享年四十三妻本里陳氏合葬長令

三子　文生　會生　同生

聖開字孔泰號敬吾萬辟繼子繼母張氏生母鄧氏生于

萬歷甲寅三月二十六終壽莫考妻大杏甘氏一子　貴生

聖學字孔迪萬葉子母徐氏生于萬歷丁巳二月二十二

終于順治丁亥九月二十五享年三十一妻華夏馮氏合葬長

署無嗣

聖宗字思誠萬選長子母關氏生于崇禎癸酉正月初二

終葬莫考妻李氏合葬岡頭一子　社帶

文宗字思弼號仰賓萬選次子母關氏生于崇禎戊寅二

月初一終于康熙庚辰閏七月初八妻蘇村陳氏葬潤螺岡二

子　社相　壬相

繩祖字振遠萬枝長子母何氏生于崇禎丙子十月初九

終于康熙乙巳閏三月二十七享年五十四葬大辣地無嗣

榮祖字光遠萬枝次子母何氏生于順治丙戌五月初八
終于康熙壬辰十月十五享壽六十七妻大杏高氏合葬閏螺
岡三子　壽麟　祥麟　仲麟

廟元字賢覺號育雍萬説長子母蘇氏生于萬歷癸丑五
月十終于康熙丙午九月初二享年五十四妻潘氏葬三丫罡
二子　公義　公相

廟舉字賢伯號敬峰萬詵次子母蘇氏生于天啓壬戌七
月十終終于康熙丙子七月十六享壽七十五妻西城游氏合
葬三了罡二子　公輔　公瑞

三級字尚志萬樸長子母方氏生于萬歷乙未十二月二
十終葬莫考妻林氏別適無嗣

三綱字尚正號率之萬樸次子母方氏生于天啓乙丑十
月十終于康熙庚辰二月十九享壽七十六妻基寮陳氏合葬
蜆殼岡三子　觀爵　觀富　觀貴

三畏字尚真萬信子母薛氏生于天啓丁卯十月初一終
葬莫考妻區氏五子　觀漢　觀魏　觀趙　觀楚　觀齊
好問字尚中號象庸萬雅長子母李氏生于天啓壬戌六
月初五終于康熙壬戌正月初六享壽六十一妻石牛岡蘇氏
合葬蜆殼地三子　觀祚　觀庇　觀理
好學字尚廣號仰充萬雅次子母李氏生于天啓乙丑二
月初二終于康熙癸酉三月十三享壽六十九妻竹逕關氏合
葬上坑岡一子　觀玉早亡　立子　保同
好友字尚端號四充萬雅三子母李氏生于崇禎辛巳六
月二十三終于康熙丁丑二月二十享年五十七妻沙滘符氏
合葬上坑岡五子　觀同　三同　保同出繼　福同　廣同
好檢字尚嚴萬性子母陳氏生于順治乙酉八月十四妻
勞邊徐氏終葬莫考無嗣
好臣字尚啓號裴君萬五長子母陳氏從化縣掃生于崇
禎辛巳八月初十妻區氏終葬莫考一子　觀含

好韶字尚美號至庵萬五次子母陳氏生于順治丁亥九月初學足三余胸藏二酉文章有用作從化内幕西賓聲價無虛坐東官外廊師席終于雍正戊申四月二十享壽八十二妻大仙岡陳氏壽元七十五合葬丹竈岑岡南向二子 觀宰 觀蛟

好禮字尚敬萬五三子母陳氏生于順治乙丑十一月初十終葬莫考妻沙塘角梁氏三子 觀允 觀萊 觀儒

孔鐸字尚諭號朝庚萬吉長子母陳氏生于崇禎戊寅五月十九終于康熙壬午二月初五享壽六十五妻白坭陳氏合葬竹逕岡側西向之原生三子 泮客 翰客 殿客

孔屏字尚贊萬吉次子母陳氏生于崇禎辛巳正月初八終于康熙丙戌二月十五享壽六十六妻區氏何氏杜氏合葬大坑北向之原二子 籍客 桂客皆早亡無嗣

孔讓字伯禮萬著長子母馮氏生于順治庚寅正月十四終于康熙庚辰十月二十二享年五十一妻大沙何氏合葬竹

逕岡無嗣

孔蟾字尚文萬著次子母馮氏生于順治庚子十一月二十終于雍正丁未六月二十享壽六十八妻馮氏合葬竹逕岡二子　觀聰　觀參

孔惠字上國萬則長子母何氏生于順治壬辰十月十九終于康熙庚戌十月十九享年十九葬后岡無嗣

孔文字上周號拱南萬則次子母何氏生于順治乙未七月十五終于雍正乙巳九月初三享壽七十一妻李氏合葬岡嘴二子　觀策　觀覺

孔楊字上振萬則三子母何氏生于順治己亥九月二十六終于康熙辛丑九月二十八享壽六十三妻何氏合葬后岡無嗣

孔輝字上我萬則四子母何氏生于康熙壬寅六月二十一終康熙辛卯正月初九享年五十妻謝氏合葬岡嘴二子觀敏　觀奇

孔芝字上秀萬則五子母何氏生于康熙丁巳五月初九
終于雍正戊申五月十七享年五十二妻陳氏合葬大坑二子
觀俊 觀韞
維垣字 萬延子母 氏
希藻字 春長子母李氏
希藩字 春次子母李氏三人俱省城九江住生終莫考
亞二婆孫子母黄氏生終葬莫考失傳
仕成桂珍長子母潘氏生娶終葬莫考
仕有桂珍次子母潘氏生娶終葬莫考
遇蓮桂英長子母李氏生娶終葬莫考
遇蘭桂英次子母李氏生娶終葬莫考
效恩字必承桂萼長子母陳氏生于崇禎丁丑閏四月二
十九終壽莫考妻 氏葬潤螺岡無嗣
效寵字必元號惟一桂萼次子母林氏生于順治戊子十
一月二十五天姿穎悟貫通律例之文學力精純嫻熟簿書之

句當途借箸作牧令之西賓歷事脫農實公俟之上客終于康
未六月二十八享壽六十八妻馮村蘇氏繼娶省城楊氏妾賴
氏吴氏合葬竹逕岡生二子　家和賴氏出家讓吴氏出
仕應字必榮桂萼三子母林氏生于順治甲午十月十九
終莫考妻沙塘角梁氏合葬潤螺岡二子　家玉　家璉
仕恩字必得桂芳長子母何氏生于崇禎甲申二月二十
七終莫考妻西城游氏合葬潤螺岡一子　日進
仕顯字必楊桂芳次子母何氏生于順治丁亥九月十四
終葬莫考妻大仙岡陳氏無嗣
仕高字必宏桂芳三子母何氏生于順治丙申二月二十
三終葬莫考妻　氏一子　茂第省城住
效元字必初號壯麟觀紀子母陳氏生于天啓癸亥二月
二十七終于康熙丁未五月初八享年四十五葬榕山岡妻基
寮李氏二子　社庇　社存
效豪字必貴號清河觀伍長子母杜氏生于天啓辛酉八

月初一終壽葬莫考妻潘氏續娶順德梁氏三子　首榮　顯
榮潘氏出　世榮梁氏出

效奇字必志事情存心觀伍次子母杜氏生于崇禎已巳十二
月十七終葬莫考暨氏一子　進榮

效祥字必瑞觀伍長子母杜氏生于崇禎壬申十一月十
五終葬莫考妻本里區氏一子　社慶

效文字必遇觀伍四子母杜氏生崇禎庚辰十二月初九
終葬莫考妻丹竈黃氏二子　社龍　社獅

效魁字上貴理致子母伍氏生于天啓辛酉十一月二十
七終于康熙丙午三月十三享年四十六葬潤螺岡妻大仙岡
陳氏別適二子　帝孫　友孫

閏科理禎長子母潘氏四會住

閏志理禎次長母潘氏東安住一子　阿安失傳

鎰字重之萬喜長子母黃氏生于崇禎庚辰七月十六終
葬莫考妻鐘氏二子　乙弟　戊弟

監字重昭喜次子母黄氏生于順治乙酉二月十八終葬
莫考妻馮氏無嗣
官榮字卓風祖禎長子母區氏生于崇禎庚午六月二十
七終葬莫考妻沙東潘氏一子　明質
官貴字卓知祖禎次子母區氏生于崇禎乙亥八月初三
終葬莫考妻竹逕龍氏一子　才質
官恒字卓敏祖禎三子母區氏生于崇禎庚辰十一月初
六終葬莫考妻沙水劉氏無嗣
官太字卓元祖禎四子母區氏生于順治乙酉四月初八
終葬莫考失傳
庚瑞字卓標萬安子母陳氏生終葬妻莫考無嗣
社奇字卓臺萬康子母吴氏生于康熙辛丑二月公為人
樸實勤敏勇往辦公康熙丁亥重修季房祠提理工料勤慎有
功于雍正丙午　享壽六十六妻潘氏無嗣葬莫考衆議
妥主季房附祀

孟房十七世

社穩字里扶志德長子母徐氏生于崇禎癸未四月十五終于康熙辛未四月初三享年四十九妻大仙岡陳氏合葬后岡無嗣

社富字里貴志德次子母徐氏生于順治丙申四月十四終于康熙壬申十月初十享年三十七妻陳氏合葬后岡二子

蕃衍　蕃茂

文杰字彩揚家裕長子母陳氏生于順治庚寅六月二十六終葬莫考妻梁氏無嗣

文端字藻揚家裕次子母陳氏生于順治癸巳十二月二十五終于康熙乙酉八月二十三享年五十三妻區氏合葬后岡無嗣

文炯字錦揚號海籌家泰長子母杜氏生于順治丁亥十月二十九終于康熙甲午二月十二享壽六十八妻龍池梁氏合葬大坑岡北向四子

祖德　祖錫　祖賜　祖榮

文耀字翰楊家泰次子母杜氏生于順治壬辰七月二十
五終于康熙戊寅三月十五享年四十七本里吴氏合葬后岡
東二子　觀佑　觀璉
文輝字秀楊家泰三子母杜氏生于順治乙未正月二十
五終于康熙癸巳五月二十二享年五十九妻孔邊方氏合葬
后岡一子　新德
迪存字粹功號秉籌有志子母徐氏生于崇禎乙卯七月
二十終于康熙辛卯正月二十七享壽七十三妻小杏陳氏合
葬后岡四子　先開　先明　先聖　先現
天德字賢侯君志長子母梁氏生于康熙乙未三月初九
終葬莫考妻西城游氏三子　閏九　鵬九　進九早亡
天聰字賢伯君志次子母梁氏生于康熙戊戌十月二十
四終葬莫考妻大享鄉陳氏二子　聯九　聘九
善可字朝贊君惠子母潘氏生于雍正庚戌八月初七終
于乾隆辛未十一月十七葬莫考妻謝氏　別適無嗣

奇進字彥英弘始長子母蘇氏生于崇禎戊辰正月初一
妻西城陳氏合葬烏飯岡無嗣
奇閏字儒英弘始次子母蘇氏生于順治乙酉九月十三
終娶莫考葬烏飯岡南向無嗣
奇逢字　弘斐子母潘氏生子順治丁亥十月二十四
終娶莫考葬烏飯岡無嗣
士珩字健珍號不息弘斗長子母劉氏生于康熙戊甲正
月十九終于康熙戊戌十二月初三享年五十一妻沙頭岸梁
氏合葬潤螺岡西向二子　光啓　光莊
士齊字御珍號國玉弘斗次子母劉氏生于康熙甲寅五月十
一終于康熙丙戌八月初四享年三十三妻關氏合葬潤螺岡
西向無嗣光莊子孫永遠奉祀
士璋字席珍號昆山弘翼長子母林氏生于康熙癸卯六
月初四終于康熙乙酉二月初五享年四十三充布政司隸妻
陸里林氏合葬潤螺岡西向二子　光大　光義又立一子

光用用廣后嗣
士球字聘珍號懷玉宏相繼子繼母關氏本生母杜氏生于康熙癸亥十一月初六公生平孝弟事所生與所繼之親皆以誠敬一體相待克恭克友愛恤寡憐貧中才教訓鄉黨共仰而且素志雅好讀書雖改業蕭曹然留心孔孟重道尊師親賢取友當年延名儒以教厥子每歲力以一身為倡束脩厚意之外復時飯以儀物鄉之縉紳先生恒加以忠敬之譽及晚而明農又時興往來吟咏未嘗不樂為詩酒談心惜也花甲將周低得親見其子采芹數月未獲大慰素志也終于乾隆辛酉七月十二享年五十九妻本里何氏合葬丹竈陸屋岡在 存誠公之左坐中向寅兼未丑三分之原生一子 光海
士興字世珍號國翁宏恭長子母潘氏生于康熙丁卯二月二十四終于乾隆乙卯七月十九享壽七十三妻梅步陳氏合葬石仔岡坐丁向癸兼午子原二子 光有出繼 光賜
士勤字佐珍號貳翁宏恭次子母潘氏生于康熙己巳大

果鄧氏合葬石仔岡三子　貴儒　宜顯出繼　三儒
喜弟字良知宏祚長子母張氏生于崇禎乙卯五月初三
終莫考妻沙浦陳氏合葬大坑一子　偉甫
喜泮字涵知號潤川宏祚次子母張氏生于順治乙酉六
月十七終于雍正丁未九月二十五享壽八十三妻西城游氏
合葬大坑二子　偉鐸　偉釗
喜斌字才知宏祚三子母張氏生于順治壬辰五月二十
九妻丹竈黄氏終葬莫考無嗣
喜敏字學知號禄裕宏祚四子母張氏生于順治甲午七
月初四終于雍正甲辰九月初二享壽七十一妻竹逕關氏合
葬潤螺岡三子　偉燧　偉綬　偉簪
喜璧字涵清號靡瑕宏禮長子母嚴氏生于順治乙丑正
月十七公孝友性成忠誠重厚出就蕭曹當途推仰入訓子侄
宗族足式終于雍正甲辰十一月初九享壽七十六妻竹逕李
氏妾周氏合葬白雲岡生三子　宗顯　宅顯　富顯俱周氏

出

喜瓚字在清號樵谷宏禮次子母嚴氏生于順治辛卯閏二月十三終于雍正甲辰十二月十二享壽七十四妻田心鄉張氏繼娶梁氏合葬白雲岡生一子　定顯梁氏出

喜周字季清號長川宏禮三子母嚴氏生于順治戊戌二月十十一終于雍正乙卯九月二十七享壽七十八妻新生區氏合葬白雲岡立弟士勤次子　宜顯　為后

喜珏字瑚知宏福長子母陳氏生于順治乙未八月初九娶終葬莫考無嗣

喜揚字揄知宏福次子母陳氏生于順治丁酉十一月二十五娶終葬莫考無嗣

喜彭字賢知宏福三子母陳氏生于康熙丙午三月二十九娶終葬莫考無嗣

喜歡字悦知宏福四子母陳氏生于康熙戊申十二月終于康熙丙子七月初四享年二十九娶葬莫考無嗣

喜七字作知宏福五子母陳氏生于康熙壬子十二月十七終于康熙乙亥十月二十二享年四十八妻沙水劉氏合葬白雲岡一子　安育

丙孫字　亞帝子母陸氏生于崇禎丙子五月二十四外出

紀名字元功號興天有科長子母何氏生于康熙乙酉十一月二十八終于乾隆戊午五月初一享壽七十葬后岡妻方氏一子　壽添

帝名字元國號住天有科次子母何氏生于康熙壬子七月十六終于乾隆甲子二月十九享壽七十三妻沙頭岸梁氏合葬村頭岡二子　一添　二添

志名字元廣有科三子母何氏生娶終葬莫考

善名字元江號南山有科四子母何氏生于康熙庚申三月初二終于乾隆戊子四月二十六享壽八十九葬村頭岡内向坐中向寅妻蘇氏又葬村頭岡二子　賜添　進添

才名字元漢有科五子母何氏生娶終葬莫考
長盛字積宏紀元子母黃氏順德黃連住
亞有字積鴻會貫子母徐氏順德黃連住
帝師字元翰號公錫聖志繼子母陳氏生母郭氏生于康
熙戊甲六月二十八終于雍正已酉二月初二享壽六十二妻
小杏黃氏合葬上坑岡二子　胤龍　胤輝
帝陞字元秩號品先禮志長子母郭氏生于康熙癸卯九
月二十九雍正乙巳二月二十九享壽六十三妻黎村潘氏合
葬上坑岡生四子　胤開　胤佳　胤芳　胤光
帝侯字元宰號茂實禮志三子母郭氏生于康熙辛亥八
月二十五終于乾隆甲戌五月初七享壽八十四妻孔邊方氏
合葬后岡三子　胤秀　胤顯　胤洪
帝錫字元簡號朝聘次志長子母陳氏生于康熙癸卯八
月十七充順德縣掾終于雍正甲辰五月初六享壽六十二妻
蘇村潘氏合葬后岡生三子　胤禧　胤禎　胤騰

帝兆字元勸號華山次志次子母陳氏生于康熙丙辰二
月十五終于乾隆丙寅閏三月初九享壽七十一妻勞邊 勞氏
無嗣
帝寵字元上次志三子母陳氏生于康熙戊午閏三月二十五
終康熙癸巳十二月十九享年三十六丹竃黄氏合葬后岡無
嗣
帝擢字 次 志四子 母陳氏生娶終葬莫考
泰順字 會超長子母杜氏生娶終葬莫考一子 卜麟
泰宏字賢新會超次子母杜氏生于順治戊子十二月二
十一終于康熙壬辰二月十七享壽六十五葬后岡妻方氏一
子 兆宰
貴才字裕琳號茂長會初長子母李氏生于順治丙申三月
初終于雍正乙卯十月初五享壽八十妻大東張氏合葬大坑
岡坐午向子兼丁癸之原五子 公帶 公兆 公錫 公就
公惠

貴芳字裕能號茂勷會初次子母李氏康熙乙亥三月初七于乾隆丙辰三月初八妻基寮暨氏合葬蜆殼岡一子
公閏

貴德字裕祥號茂發會初三子母李氏生于康熙乙巳八月十一終于雍正癸丑四月二十一享壽六十九妻沙滘角梁氏合葬蜆殼地頭一子　公壽

貴華字裕相會初四子母李氏生終聚莫考葬后岡蜆殼地東北向無嗣

貴營字裕球號茂足會初五子母李氏生于康熙戊午十一月十八終于乾隆己未十月二十一享壽六十二妻蘇村陳氏合葬蜆殼岡二子　公甫　攜山

平字禹功耀禎子母梁氏生于崇禎癸酉六月　妻梁氏別適一子　公旦

正字　耀禧子母陸氏

亞孫字賢聰公赦子母　氏

之喜字賢亮宗興長子母梁氏生終葬莫考妻　氏二子
呂堯　呂朋順德住
之琳字賢相宗興次子母梁氏順德住
之瓊字賢珍宗興三子母梁氏生終葬莫考妻　氏一子
亞興順德桂州住
之球字賢廣宗興四子母梁氏
長成字　真明長子母　氏
長惠字　真明次子母　氏
長國字　真明三子母　氏
長文字　二明子母　氏自長成以下四人俱往順德住
祖寬字騰發號上達學澄子母林氏生于康熙癸丑八月
十終終于乾隆已巳十一月初八享壽七十七妻里林氏繼娶
灣頭杜氏合葬新社寅初公右轉上坐酉向卯兼辛乙之原生
六子　宏瞻　舉瞻林氏出　廷瞻　聖瞻　擇瞻俱杜氏出
祖健字騰昭學成子母方氏終葬莫考妻譚氏一子　晉

瞻

祖昌字騰熾學中子母方氏生于康熙丙辰七月十六終
于乾隆壬申八月十四享壽七十七妻大杏鄧氏殼岡無嗣
承君字　法顯子母梁氏生終娶葬莫考無嗣
承德字騰廣所仕子母方氏生終葬莫考妻丹竈謝氏一
子　帝信
巨開字騰鳳號集韶禄下長子母方氏生于康熙癸亥十
二月初三終葬莫考妻高明羅屈鄉何氏生五子　公保　義
保　運保　佑保　全保
細開字騰遠禄下次子母方氏生終葬妻莫考無嗣
榮開字騰華學賢子母黎氏生于康熙丁酉三月二十妻
赤勘陳氏無嗣
社才字騰聯所養子母陳氏生終莫考妻大果陳氏合葬
區屋岡一子　日茂早亡
同公字騰標號清海所裕長子母黄氏生于康熙辛亥八

月十十六終于雍正乙卯十一月十三享壽六十五妻高明阮
涌鄉區氏合葬沙岡三子　日長　日携　日桂
同志字騰駿號際雲所裕次子母黄氏生于康熙乙卯十
月初五終于乾隆乙亥五月二十九享壽八十一妻西城潘氏
繼娶大仙岡陳氏二子　日秀　日槐俱潘氏出公卜葬沙浦
南莊岡坐丁向癸兼午子潘氏葬岡嘴陳氏葬沙岡
同春字騰榮所裕三子母黄氏生于康熙乙丑正月初一
終康康熙甲午正月初八享年三十葬蜆殼岡妻沙頭岸梁氏
別適無嗣
天時字騰中成功子母周氏生于康熙丙戌五月二十一
終乾隆丙子五月二十七享年五十一妻丹竈謝氏合葬岡嘴
一子　日富
應期字騰會號高明所見長子母陳氏生于順治壬午正
月初十終于康熙庚申十月十六享年三十九妻何氏繼娶區
氏合葬新社二子　帝拔何氏出　帝恒區氏出

應球字騰輝所見次子母陳氏生于順治癸巳十一月二
十終于康熙庚辰二月十三享年四十八妻孔邊方氏合葬岡
嘴三子　帝高　帝珍　帝政
應運字騰光號朗三所能子母陳氏生于順治戊子三月初八
公生平孝義幼失所所怙每懷逮事未能長丁母艱恒悲泣血
三載又能排解紛爭抑亦長優詩賦終于康熙乙巳九月十三
享壽七十八妻本里陳氏三子　帝載　帝垣　五美
應芳字秀毓所聞長子母梁氏生于崇禎癸未十月二十
八終葬莫考妻石牛岡蘇氏繼娶林村林氏一子　阿洪早亡
應芬字秀芝所聞次子母梁氏生于順治乙丑十一月初
十終葬莫考妻方氏無嗣
應仁秀萼所聞三子母梁氏生于順治壬辰十一月初五
終葬莫考無嗣
社胤字騰蛟所知長子母陸氏生于康熙丁未六月二十
八于于康熙癸巳十月初二享年四十七葬妻別適一子　帝

朝早亡
社魁字騰芳所知次子母陸氏生于康熙庚戌十月初四
終于雍正辛亥七月初五享壽六十二妻薛氏合葬岡嘴三子
帝駒　帝周　帝頸
社壁字騰元所知三子母陸氏生終葬莫考無嗣
社太字騰喬所敏子母陳氏生終葬莫考妻林氏一子
帝教
觀多字騰英所誠子母梁氏生于康熙癸亥十月初四終
于乾隆丁丑十月二十九享壽七十五娶葬莫考無嗣
應昌字騰盛承紀子母方氏生于康熙戊子四月二十五
終于乾隆乙卯四月初三享年五十二葬岡嘴妻鄧氏三子
元安　元和　無樂
應聯字　承閏子母杜氏生于康熙乙巳七月初七終
葬莫考失傳
閏連字騰勝號毅叟承科長子母游氏生于康熙戊戌三

月十五　恩賜八品職銜生于忠直推為族正接修譜帙督理
觀成終于嘉慶癸亥二月十一享壽八十六葬伏水岡坐戌向
辰之原妻大仙岡陳氏妾黄氏二子　遠茂陳氏出　日茂黄
氏出
閏三字國騰承科次子母游氏生于雍正乙巳九月十五
終乾隆乙亥十二月二十六妻潘氏生四子　宗茂　成茂
祥茂　榕茂
閏魁承科三子母游氏生于乾隆丙辰六月十二外出
應祥字騰瑞號伯恭承建長子母陳氏生于康熙辛未正
月十三終于乾隆甲戌閏四月十四享壽六十四妻梁氏合葬
榕山岡無嗣
麟祥字騰篆承建次子母陳氏生于康熙丙子七月二十
九終于乾隆乙卯四月二十四享壽六十四妻陳氏合葬榕岡
二子　來安　極安
應壽字騰明承敦子母張氏生母孫氏生于康熙庚寅六

月十五終葬莫考失傳
應謀 字騰美承芳長子母杜氏生于康熙丙子六月十一
終于乾隆戊辰三月初六享年五十三妻黃氏合葬 四子
帝安 帝賢 帝南 帝九
應諾字太美承芳次子母杜氏生于康熙庚辰七月十四
終于乾隆甲子八月初一享年四十五葬榕岡妻潘氏一子
觀安
應讓字國美號朝仰承芳三子母杜氏生于康熙乙丑九
月十六終于乾隆乙亥正月十二享壽六十二妻嚴氏葬莫考
六子 帝節 帝通 帝簡 帝策 帝和 帝會
尚隆字卓麟士元子母梁氏生于康熙甲辰八月初二終
于康熙甲戌九月初二享年三十一葬巷邊妻梁氏失傳
尚綸字卓興夢槐長子母潘氏生于順治辛卯十二月二
十終莫考妻梁氏合葬沙岡失傳
尚緯字卓雄夢槐次子母潘氏生終莫考葬沙岡失傳

尚經字　夢槐三子母潘氏失傳

尚迪字卓高夢魁長子母陳氏生于順治甲午十二月十七終于康熙己巳　享年三十六妻丹竈鄧氏合葬巷邊岡二子　得占　禮占

尚榮字卓華夢魁次子母鄧氏生于康熙甲辰八月初八終于康熙癸酉　享年三十妻蘇氏合葬菴邊一子　雄占失傳

尚本字卓君夢宿長子母方氏生于順治乙丑三月初八終于康熙己未十一月十六享年三十一妻區村陸氏合葬沙岡三子　自占　三占　殿占

尚義字卓宇夢宿次子母方氏生終莫考妻區氏葬新生三子　成占　次子遺訓出族　必占

尚澤字　夢宿三子母方氏生終葬妻莫考失傳

一俊字卓品號敬繁祖胤長子母區氏生于崇禎丙子二月初六終于康熙甲午五月二十四享壽七十七妻梁氏合葬

巷邊四子　三平　三實　三顯　三達失傳
一杰字卓夫號谷繁祖胤次子母區氏生于崇禎戊寅八
月十三終于康熙辛卯八月初五享壽七十四妻大杏甘氏合
葬菴邊三子　三育　三錫　三振
一保字卓瞻祖胤三子母區氏生于崇禎癸未六月十三
終康康熙丙辰八月初九享年三十四妻本里陳氏合葬巷邊
一子　三智早亡
一信字卓朋號蘭芝祖裔長子母杜氏生于崇禎壬午二
月初三公賦性純孝家雖未豐甘旨各備時物新出即為采買
不惜價值養親順志宗族咸稱欲為表揚以風鄉黨却而弗居
謙虛足式地康熙乙未十一月初九享壽七十四妻倫氏繼娶
程氏杜氏合葬屈龍岡三子　三順　三捷倫氏出　三勝程
氏出
一倫字卓明號潤芝祖裔次子母杜氏生于順治壬辰十
一月十三終于雍正丙午十二月十二享壽七十五妻蘇氏繼

娶黄氏合葬屈龍岡二子　三遇　三進俱蘇氏出
逢春字卓琳號懷玉祖庇長子母謝氏生于順治戊戌正
月初二終于雍正戊申四月二十三享壽七十一妻鄧氏合葬
菴無嗣
逢泰字卓乾祖庇次子母謝氏生于康熙乙巳十一月初
八終于雍正乙巳六月二十七享壽六十一妻關氏合葬大坑
無嗣
逢吉字旋在祖恩長子母周氏生于順治乙亥八月二十
四終于康熙丙子十一月初五享年三十八妻陸氏葬德慶州
一子　三罍
逢熙字秀林祖恩次子母周氏生于康熙乙卯三月二十
三終莫考妻區氏合葬飛鵝岡二子三槐　三華
逢光字耀林祖恩三子母周氏生于康熙丁巳十一月十
九終莫考妻陸氏合葬飛鵝岡無嗣
惠孫祖興長子母李氏生娶終葬莫考

就孫字卓璉祖興次子母李氏生于順治辛丑二月十八
終于康熙乙未二月十五享年五十五妻　氏合葬巷邊二子
三相　三堂
康宗字莊成太元長子母蘇氏生母鄧氏生于熙壬寅正
月初二終于康熙癸巳五月初五享年五十二葬白雲岡妻楊
氏別適無嗣
康瑞字莊朝號左廷太元次子母蘇氏生于康熙壬子十
月初八終于雍正壬子四月初四享壽六十一妻蘇村蘇氏合
葬松園地四子　賓智　賓享　賓亮　賓培
貴龍字莊蛟子發長子母黃氏生于康熙甲寅七月十四
終乾隆癸亥五月十二享壽七十妻大杏薛氏合葬白雲岡一
子　賓爽
惠龍字莊雲子發次子母黃氏生終莫考妻鄧氏合葬白
雲岡無嗣
建龍字　子發三子母黃氏生終葬莫考無嗣

文新字莊彬大養長子母陳氏生于康熙癸丑九月十八
終于乾隆乙巳十月初三享壽七十七妻方氏別適葬石仔岡
無嗣
文法字壯英太養次子母陳氏生終葬莫考無嗣
文喜太養三子母陳氏生終莫考葬石岡無嗣
康裔字壯侯太富長子母區氏生于康熙辛酉十月五終
于雍正戊甲九月二十九享年四十八妻本里梁氏繼娶區氏
合葬石岡一子賓廷區氏出
康猷字壯斯太富次子母區氏生于康熙甲子十一月初
六終于乾隆丁巳十一月初三享年五十四妻陳氏繼娶西城
潘氏合葬白雲岡一子賓尚潘氏出
康保字壯輝太富三子母區氏生于康熙乙亥八月十六
終葬莫考失傳
偉量字壯洪號秀川昆玉長子母杜氏生母馮氏生于順
治乙酉八月二十一終于康熙甲申十一月十一享壽六十

妻陳氏合葬巷邊地二子　賓師　賓容
偉佐字壯經號國川昆玉次子嫡母杜氏生母馮氏生于
順治癸巳五月十八終于康熙丁酉十月初六享壽六十五妻
區氏繼娶鄧氏合葬屈龍岡一子　賓居區氏出
偉任字壯鈞號堪昆玉三子嫡母杜氏生母馮氏生于順
治丁酉九月二十終于康熙乙未十二月十二享年五十九妻
杜氏妾鄧氏合葬石仔岡一子　賓恭鄧氏出
偉裕字壯容兆鵬母區氏生于康熙乙巳十一月十二終
于康熙乙丑九月二十五享年四十五葬屈龍岡妻何氏別適
一子　賓章
偉翼字　兆桂子母陳氏生終葬莫考無嗣
偉士字壯豪兆能長子母蕭氏生于康熙戊申正月十五
終于康熙丙子十月二十六享年二十九葬大坑岡無嗣
偉問字　兆能次子母蕭氏生終葬莫考無嗣
偉爵字壯修號龍川兆能三子母蕭氏生于康熙丙辰十

一月初十終于乾隆丁巳十月二十一享壽六十二妻大果杜
氏合葬大坑一子　賓清
偉學字壯明號至川兆祥長子母杜氏生于崇禎癸未十
二月初三公少讀儒書明倫辨物孝敬雙親體先人之志力以
一身教育諸弟以至成立而且經歷户役尚義捐金以成其美
大有承先啓后之功終于康熙甲午四月初六享壽七十二葬
本鄉大坑岡妻蘇村陳氏繼娶西城游氏與公合葬二子　賓
與　賓服俱陳氏出
偉達字壯逵號九如兆祥次子母杜氏生于順治丙戌七
月初九終于雍正丙午十二月初二享壽八十一妻丹竈周氏
合葬沙岡二子　賓王　賓臣
偉顯字壯先號遜　兆祥三子母杜氏生于順治甲午二
月初九終于雍正丁未九月二十七享壽七十四妻灣頭杜氏
合葬本鄉大坑岡三子菴賓敬　賓謙　賓濟
偉彦字壯圖號力行兆祥四子母杜氏生于順治戊戌十

二月初二終于康熙丁丑九月初十享年四十妻大東高氏合
葬本鄉大坑岡一子　賓殼
　以振字月榮號逞輝辰孫子母馮氏生于萬歷乙巳八月
十終于戊申五月初三享壽六十四葬莫考妻梁氏二子　機
明　機定
　以言字日榮號逞吾壬孫子母張氏生終莫考葬區村岡
二子　會聰　受聰

仲房十七世

乍先字性元之屏長子母何氏生于天啓癸亥五月初十終葬莫考妻本里陳氏無嗣

胤字性善之屏次子母何氏生于天啓丙寅九月十二終葬莫考妻西城潘氏一子 觀弟

天植字乾始憲聰長子母吴氏生于崇禎已七月十九終葬莫考妻丹竈梁氏無嗣

天相字振始憲聰次子母吴氏生于順治戊子十月二十九終葬莫考妻 氏無嗣

天就字乾俊憲華子母張氏生于崇禎癸未二月二十六終葬莫考妻金竹頭陸氏無嗣

天鳳字上徵觀錫長子母區氏生于順治丙戌四月初八終葬莫考妻沙水劉氏無嗣

天麟字上徵號國觀錫次子母區氏生于順治丁亥九月二十六終于康熙癸巳十一下四享壽六十七妻區村區氏合

葬大坑岡二子　君長　君甫
天豸字上騰觀錫三子母區氏生于順治庚寅正月初七
終于康熙乙酉十二月初七享年五十六葬大坑岡無嗣
天鵬字上鳴號朝端觀錫四子母區氏生于順治辛卯九
月十三為人重義不捐資　二世祖沙浦岡墳墓淺狹買受面
前地一垢衆孫拜祭洵屬可嘉終于永熙丁亥十一月二十七
享年五十七妻赤堪陳氏側室黎氏合葬大坑岡四子　君卿
陳氏出　君相　君佐　君澤俱黎氏出
康長字遠公號樂一唐弼子母方氏生母陳氏生于康熙
巳酉三月十六終于乾隆丁巳六月初二享壽六十九妻舟里
林氏妾馮氏郭氏合葬后岡四子　宗擯林氏出　宗聖馮氏
出　宗庇　宗福郭氏出
金聲唐禎子母游氏外出
君受字仕榮唐盛子母吴氏生于順治庚寅十一月十九
終葬莫考妻灣頭杜氏無嗣

社戴字　有貴子母吴氏失傳
連相字公佐逢盛子母劉氏生于順治丙戌七月二十六
終葬莫考妻蘇村陳氏失傳
連卿字公伯逢昌子母杜氏生于崇禎已夘十一月十二
終葬莫考妻大杏張氏一子　學堅
群德字公嘉賓次子母李氏生終莫考妻蘇村陳氏葬沙
岡無嗣
群生字公樂嘉賓次子母李氏生終墓生妻子帥邊杜氏
葬岡二子　殿章　殿縠
文聰字公智禄貴子母陳氏生于康熙已酉一月十九終
于雍正辛亥八月十六享壽六十三妻丹竈謝氏葬沙岡二子
五穩　曉穩
彌覺公長建玉長子母鄧氏生于永熙丙辰三月十三終
于雍正辛亥七月十六享年五十六妻蘇村陳氏合葬潤螺岡
二子　君保　觀保

斯覺廷玉次子母盧氏外出
三覺字公遜號受益廷玉三子母盧氏生于康熙癸亥十
二月十九終于乾隆乙丑二月初二享壽六十二妻石牛岡蘇
氏合葬丹竈前邊坑三子　來香　義香　有香
祖養字公瑞號朝欽來孫長子母何氏生于順治丙申三
月十一終于康熙丙戌四月初七享年五十一妻石湴梁氏合
葬潤螺岡二子　有祥　有德
祖佑字公惠來孫次子母何氏生于順治已亥七月十一
終于康熙戊子十一月十一享年五十妻莘村潘氏合葬潤螺
岡二子　社龍　社元
甲養來孫三子母何氏生于康熙甲辰正月初七終莫考
無嗣
丁養受孫子母李氏生于康熙丁未三月十五帥邊住
文附字廷瑛若騮長子母陸氏生于崇禎壬午五月初六
終於康熙丁巳八月初三享三三十六妻本里方氏繼娶周氏

合大大坑二子　瑞典方氏出　瑞介周氏出
文亮字廷瓚若騮次子母陸氏生于順治乙未正月二十
四終莫考妻蘇村康氏合葬大坑無嗣
文佐字廷璉若驥子母何氏生于崇禎壬午四月十五終
莫考妻沙浦棗陳氏合葬大坑岡二子　瑞錦　瑞寰
文翰若聰長子母鄧氏生于順治戊戌正月初六終莫考
葬大坑無嗣
文光若聰次子母鄧氏生于順治庚子十月十七終莫考
葬大坑無嗣
文顯若聰三子母鄧氏早亡
挺繁字斯伯號裕千永祚子母麥氏生于崇禎甲戌八月
二十七終于康熙戊辰七月初二享年五十五妻大仙岡陳氏
合葬西邊坑一子　孕秀
喻義字斯魯號偉千尚祖長子母鄧氏生于順治戊子十
月初六終于康熙癸巳十二月初三享壽六十六妻丹竈謝氏

合葬大坑二子　春開　細開
喻信字斯昌號滿千尚祖次子母鄧氏生于順治戊戌四
月初六終于康熙庚寅四月初十享年五十三妻氏合葬大坑
一子　初福
喻權字斯振士通長子母梁氏生于順治丁亥十二月二
十九終莫考妻本里何氏合葬大坑三子　春發　秋發　庚
發
喻誠字斯齊士通次子母梁氏生于順治辛卯八月初一
終莫考葬岡沙無嗣
喻華字榮長士浩長子母徐氏生于順治乙亥二月二十
三終于康熙癸巳七月初八享年五十五妻龍池梁氏合葬沙
岡無嗣
喻管字殿長士浩次子母徐氏生于康熙戊申九月十六
終于雍正乙巳十月二十五享壽五十八妻岡頭林氏合葬沙
岡無嗣

喻禮字敬長號國賢士浩三子母徐氏生于康熙癸丑十
二月二十二終于乾隆辛酉十一月二十六享壽六十九妻灣
頭杜氏合葬沙岡西向竹逕岡始祖面前一子　嘉燕
貴養字紹志廷訓子母黃氏生于順治癸巳九月二十七
終莫考無嗣
觀養字紹華廷詔長子母陳氏生于順治壬辰十二月初
七終莫考無嗣
宗養字紹榮廷詔次子母陳氏生于順治甲午八月十六
終莫考無嗣
積養字徐慶廷詔三子母陳氏生于康熙戊申十月十一
終于康熙癸巳五月初二享年四十六妻大仙岡鄉陳氏合葬
沙岡一子　禄珍
公養字紹珍號國猷廷誥考長子母劉氏生于順治辛丑
四月十九終于雍正乙巳二月初十享壽六十五妻本里方氏
合葬沙岡繼娶沙滘何氏葬地塘園二子　萬鐘方氏出　萬

鏗何氏出
芝養廷誥次子母劉氏生于康熙丁未八月初九終葬莫
考無嗣
亞順字紹輝廷試子母張氏生于康熙丙寅九月初三終
于乾隆甲戌二月初七享壽六十九妻伏水陳氏合葬地塘園
二子　有權　有經
子温字美廷阿進次子母謝氏生于崇禎辛巳十一月十
七妻何村李氏失傳
子恭字歷廷阿進三子母謝氏生于崇禎甲申正月初一
妻平步何氏失傳
子讓字萬廷阿進四子母謝氏生于順治丙戌九月二十
六失傳
子惠字文廷阿進五子母謝氏生于順治乙未九月十二
失傳
子儉字象廷二進長子母馮氏生于順治乙酉二月初二

妻平步黄氏失傳
子信字　二進次子嫡母馮氏生母黎氏生于順治丙申
十二月初七失傳
子直字裕延二進三子嫡母馮氏生母黎氏生于順治庚
子三月初五終葬莫考妻　氏一子　社機高州住
子珍二進四子嫡母馮氏生母黎氏生于康熙癸卯九月
二十六失傳
子明三進長子母黄氏生于順治甲午五月二十五妻平
步鄧氏失傳
子德三進次子母黄氏生于康熙甲辰六月二十六失傳
初捷字炯延號懷珍族興子母何氏生于天啓辛酉十一
月初一妻坑屈甘氏終莫考一子　孟奇
初法字達延族豪長子母吴氏生于天啓壬戌十一月初
六終于順治庚子四月十九享年三十九葬大坑岡妻本里吴
氏別適子一　昌奇

初旺字英延族豪次子母吴氏生于崇禎甲戌七月二十
一終于康熙辛巳二月二十九享壽六十八妻本里陳氏合葬
莫考四子　昌遐　社報　有報　三報
初薦字平延有明子母陳氏生于順治丙戌四月二十五
終莫考妻田心張氏合葬西邊坑二子　昌政　昌榮
初榮字麗延有來長子母陳氏生于順治戊子三月二十
六終葬莫考妻蘇村陳氏無嗣
亞六有來次子母陳氏生于康熙丙午十一月十八失傳
康澤字福延號慕關族魁長子母黄氏生于崇禎乙丑八
月初一終于康熙庚辰十一月二十九享壽八十六妻青塘陸
氏合葬大坑岡四子　有兆　有瓊　有佩　有保
祖澤字禄延號爵一族魁次子母黄氏生于崇禎丙子十
一月二十五終于康熙壬辰二月初三享壽六十七妻新涌馮
氏合葬大坑岡一子　有琳
帝澤字富延族魁三子母黄氏生于崇禎壬午二月十二

終于康熙乙卯八月初四享壽六十八妻大㵎張氏合葬大坑
岡二子　有運　有財
皇澤字貴延族魁四子母黄氏生于崇禎癸未五月初五
終康熙乙亥十一月初九享年四十三妻丹竈李氏合葬大坑
岡無嗣
滋澤字會延號澄海族永長子母梁氏生于順治辛丑八
月十三終于雍正戊甲八月二十享壽六十八妻基寮李氏合
葬大坑岡二子　康健　再健
侯澤字見延號如海族永次子母梁氏生于康熙甲辰正
月初六終于雍正辛亥十二月二十七享壽六十八妻丹竈陸
氏合葬大岡一子　社健
遥澤字輝延號志海族永三子母梁氏生于康熙戊申正
月二十九少讀儒書性安清逸處世淳厚恭寬持家勤儉自創
義滋昆友孝感雙親終于康熙庚子五月十三享年五十三妻
大仙岡陳氏合葬大坑岡西向之原二子　觀演　觀戴

初定字寧延族聖子母何氏生終葬莫考失傳
誠名字惠延亞細子母何氏生于順治戊戌二月十七終
于康熙癸卯十一月初一享壽六十六妻　氏合葬沙岡一子
觀元
康祚字庇延族昌長子母潘氏生于崇禎庚午六月十九
終葬莫考妻區村區氏繼娶草尾潘氏一子　亘初區氏出
康烈字瑞延族昌次子母潘氏生于崇禎丙子六月二十
八妻區村李氏終葬莫考一子　亘安
康結字茂延族昌三子母潘氏生于順治癸乙五月十五
妻孔邊孔氏終葬莫考失傳
初壁字居延尚勳子母潘氏生于康熙庚申五月初九終
于康熙壬寅正月初二享年五十三妻竹逕關氏合葬大坑岡
二子　玉豹　康豹
社壁字玉延尚勤子母劉氏生于康熙癸亥六月二十三
終乾隆甲子六月十六享壽六十三妻區氏合葬大坑岡一子

應周

聖裔字奕延尚劬子母周氏生于康熙丙辰四月十四終
于乾隆甲子十一月初二享壽六十九妻華夏馮氏合葬烏飯
岡二子 應通 應科

子良字心延尚异繼子母杜氏本生母謝氏生于崇禎乙
卯十二月二十一終于康熙乙亥十二月二十五享年五十七
妻沙滘李氏合葬蜆殼岡二子 亞宸 帝從

聖德字昭延尚業子母陳氏生于康熙庚戌五月十七終
莫考妻角里林氏合葬大坑岡一子 光典

初養族定長子母陳氏生終葬莫考失傳

亞車族定次子母陳氏生終葬莫考失傳

初裔字億延族先長子母徐氏生于萬歷丁酉六月終于
順治戊子九月初四享年五十二妻嚴氏合葬烏飯岡一子
亞湯

初祚字育延族先次子母徐氏生于萬歷乙巳六月十三

終于順治己丑五月二十享年四十五妻沙塘角梁氏合葬大
坑岡二子　國佐　國評
初裕族先三子母徐氏早亡
康子字嗣延族華長子母徐氏生于崇禎己巳七月十八
終莫考妻沙浦東陳氏合葬大坑岡三子　有貴　有平　有
聯
康裔字澤延族華次子母徐氏生于崇禎壬申九月十九
終順治丙子五月初八享壽六十五妻灣頭杜氏合葬大坑岡
一子　有恒
儒字紹延號淡文積達子母謝氏生于崇禎丙子正月二
十九終于康熙乙丑十一月二十八享壽七十四妻大果杜氏
合葬大坑岡二子　祚興　祚昌

季房十七世

善紀字題知號三余聖澤長子母潘氏生于萬歷巳未十月初十剛柔相濟好惡無指議之而后動遴輯譜系終壽莫考妻灣頭杜氏合葬蜆殼岡二子　觀虬　社虬

善穩字預知聖澤次子母潘氏生于天啓丙寅閏六月二十九終于順治丁亥十月二十九享年二十二葬蜆殼岡妻陳氏別適無嗣

善運字題芳參澤長子母區氏生于崇禎戊辰十月初一終壽莫考妻沙寮何氏合葬岡嘴一子　觀麟

善選字聯芳號三錫參澤次子母區氏生于崇禎乙卯七月二十三終于康熙丁卯六月二十享年四十九妻蘇村陳氏合葬蜆岡三子　觀鵬　觀鷚　觀鳳

善謙字題升勝韜子母陳氏生于崇禎乙亥正月二十七終壽莫考妻沙寮高氏一子　有同附祀　季房

調元應宗長子母陳氏往南雄充伍

廷元應宗次子母陳氏往南雄充伍
勝弟字拔元應芝長子母陳氏往福建
復弟應芝次子母陳氏往福建
拱弟字貞元應蘭長子母陳氏生終葬莫考妻西城游氏
二子　社保　康保失傳
逢弟字振元應蘭次子母陳氏生終葬莫考妻　氏三子
有保　有閏　有參失傳
天裕字子元號善登念宗長子母葉氏生終葬莫考妻黄
氏一子　長民
崇杰字進元念宗次子母潘氏生于崇禎乙卯八月十五
終于康熙壬寅十月十八享壽八十四妻謝氏合葬蜆殼岡坐
南向北之原二子　長德　長義
崇茂字子千應京子母杜氏生于崇禎乙巳閏四月二十
四終葬莫考妻陳氏一子　祖賢
天弟字乾元應舉子母鄧氏生終葬莫考妻陳氏無嗣

添禄字天錫勝兆子母陳氏生于天啓乙丑終葬莫考妻
吴氏二子　初丙　初癸
天麒字子宸勝裔子母陳氏生終壽莫考妻區氏合葬蜆
岡一子　貴麟
添進字子祥勝魁子母劉氏生終葬莫考妻陳氏失傳
天賦字乾錫號健伍社榮長子母區氏生于崇禎甲戌六
月初三終葬莫考妻本里區氏遺下孔邊高田四斗附祀　季
房祠
天性字坤錫社榮次子母李氏生終葬莫考妻梁氏無嗣
天德字　社榮三子母李氏生終葬莫考失傳
亞順字　社雄子母陳氏生終葬莫考失傳
初貴字元錫社奇子母區氏生終葬莫考妻陳氏生一子
宗發
日喜字貴錫有奇長子母陳氏生于康熙癸巳正月二十
七終于康熙甲申二月初二享年五十二妻竹逕龍氏合葬蜆

縠岡三子　裔光　裔賓　裔好
日明字無錫有奇次子母陳氏生終莫考妻本里區氏合
葬區屋岡一子　裔芝
日輝字爾錫有昇長子母陳氏外出生終莫考
日蟾字居錫號簡鋒有昇次子母陳氏生于順治丁酉八
月十九終于雍正癸卯十一月十八享壽六十七妻順德譚氏
合葬村頭岡一子　智猷
帶興字蕃錫有賢子母徐氏生于康熙庚戌十一月初十
終于雍正戊申三月初九享年五十九妻黄氏合葬大坑岡一
子　帝閏
天鳳字倉甫號乾叟九有子母陳氏生于康熙己巳正月
四妻深圳涌吴氏卜葬村頭岡三子　帝現　帝典　帝廩
天庇字倉錫九經長子母梁氏終莫考妻西城吴氏合葬
村頭岡二子　帝恩　三益
天球字倉玉九經次子母梁氏生終壽莫考妻陳氏合葬

天禄九經三子母梁氏生終葬莫考失傳

天瑞九經四子母梁氏生終葬莫考失傳

天聰字浩錫號勵益有魁長子母葉氏生于康熙辛亥十一月十一終于雍正戊申五月十五享年五十八妻蘇村潘氏合葬蜆殼岡坐未向丑之原二子　士勝　士騰

天睿字華錫號勵涯有魁次子母葉氏生于康熙乙卯正月十五終于乾隆甲子五月十六享壽七十葬蜆殼岡坐未向丑之原妻大東高氏三子　士奇　士彎　士德

君成字玉臺勝業長子母杜氏生于康熙甲辰八月二十八充恩平縣泉朗營書康熙辛巳六月二十四終于官舍享年三十八妻大杏薛氏運回合葬上坑岡一子　裕太

君賢字茂臺勝業次子母杜氏生于康熙癸丑十月二十三終于康熙乙亥十月二十七享年四十七葬上坑岡妻蘇村陳氏適無嗣

鳳高字棠省尚遇長子母方氏生終莫考妻蘇村陳氏合
葬上坑岡無嗣
鳳卜字棠葉尚遇次子母方氏生終莫考妻大岡梁氏
附祀高祖
鳳雛字棠取尚遇三子母潘氏生于康熙庚午五月十八
終于乾隆丙辰八月初三享年四十七妻區村陸氏别適一子
帝帶外出
鳳翔字錫臺號足三尚簡長子母勞氏生于順治甲午五
月十七終于雍正甲寅六月二十七享壽八十一妻羅村陳氏
合葬榕山岡一子　載太
鳳池字儀臺尚簡次子母勞氏生于順治丙申五月二十
七終于康熙乙未十二月二十二享壽六十妻舟里林氏合葬
榕山岡三子　渭太　佐太　佋太
鳳九家錫秋號近道尚簧繼子繼母關氏生母勞氏生于
康熙壬子九月初五終于乾隆甲子八月十五享壽七十三妻

區村區氏合葬榕山岡二子 裔太 饒太

鳳榮字耀臺勝昌長子母楊氏生于順治辛丑十一月十三妻深圳涌吴氏合葬岡嘴三子 裕宗 裕祖 裕昇

鳳元字炳臺勝昌次子母楊氏往佛山生終葬莫考妻梁氏別適失傳

鳳德字瑞臺觀從長子母方氏生于順治丙申十二月十五終于康熙丁丑四月初三享壽四十二妻陳氏葬蜆殼岡一子 柱太失傳

鳳文字成臺觀從次子 母方氏生終葬莫考失傳

亞才觀福子母陸氏高明往

紹弟字啓郎號慎遠尚禮子母黄氏生于康熙甲寅十二月初二有文有行無詐無欺孝養雙親事后母如一嚴父從戒羅協試武各益見文韜謝事歸農鄉族推居黨正立言訓世賢愚群奉儀型各户錢糧稽查勸譚朗内石橋竹橋均于乾隆戊午冬督修完固終于乾隆丁丑四月初八享壽八十四妻灣頭

杜氏合葬榕山岡二子 潤志 德志
鳳詔字報臺尚仁子母方氏生終莫考葬榕山岡妻别適
無嗣
鳳翔字奏臺尚紀長子母陳氏生于康熙庚戌二月二十
終于康熙癸巳五月二十享年四十四妻大渦張氏合葬蜆殼
岡一子 克繩
鳳喈字應臺尚紀次子母陳氏生于康熙戊午三月初四
終于乾隆壬戌七月二十六享壽六十五妻沙浦東陳氏繼娶
赤坎陳氏合葬蜆殼岡一子 得保繼室陳氏出失傳
鳳亨字應通尚紀三子母陳氏生終葬莫考妻别適無嗣
燕寬字訓懷尚惠長子母杜氏于康熙癸亥十二月二十
四終于康熙癸巳八月二十六享年三十一妻大渦張氏合葬
榕山岡一子 繁肯
燕悦字啓眉尚惠次子母杜氏生終莫考葬榕山岡失傳
仕進字元閣尚肄長子母張氏生于康熙癸酉終葬妻莫

考一子　玖順德桂洲住
品進字啓儒尚肄次子母張氏生于康熙戊寅十一月十
三終于乾隆癸酉正月初十享年五十六妻隔海梁氏合葬榕
山岡一子　至寶失傳
會進尚肄三子母張氏隨兄在順德桂洲住
帝恩字殿賓勝紀長子母楊氏生于順治己丑正月初八
終于雍正丁未五月十八享壽六十九妻區村區氏合葬上坑
岡一子　康澤
帝錫字殿明勝紀次子母楊氏生于順治辛卯七月二十
二終于康熙乙卯六月二十九享年四十九妻大果陳氏合葬
區屋岡一子　康澤
帝膏字殿庸號品勤勝紀三子母楊氏生于順治丁酉十
二月初十終于雍正丁未九月二十一享壽七十一妻竹逕關
氏合葬上坑岡一子　德庇
帝寵字富賓號品嵩勝綸長子母游氏生于順治己丑五

月九九終于康熙丙甲五月二十一享壽六十八妻灣頭杜氏
合葬大坑一子　祖庇
帝胄字序賓勝綸次子母游氏生于康熙甲辰七月初三
終于康熙甲午正月十三享年五十一妻梁氏合葬大坑岡一
子　觀庇
帝榮字桂賓號秋客勝絲子母陳氏生于順治壬辰四月初一
終壽莫考妻大東薛氏繼娶蘇村康氏遺東了田五斗橫路田
三斗附祀　季房祠
帝拱字在賓勝經子母吴氏生于康熙壬寅四月二十二
終莫考妻西城陳氏妾陳氏合葬上坑岡一子　康養妾陳氏
出失傳
帝簡字在昭尚節長子母陳氏生終葬莫考妻陳氏別適
一子　觀佑早亡　立一子　觀雄
帝舉字拔超號南天尚節次子母陳氏生于康熙癸卯九
月初十賦性孝友敬重宗祧其兄帝簡子早亡妻貧難立繼即

命次子觀雄入繼王宅俾兄侄香燈不息終壽莫考妻陳氏合
葬上坑岡三子　觀佐　觀雄出繼　觀連
帝永字殿超號廷夫尚節三子母陳氏生于康熙乙酉九
月二十七終于乾隆壬申十二月十一享壽八十四妻西城潘
氏合葬后岡三子　觀乾　觀發　觀能
帝英字滿超尚節四子母陳氏生于康熙乙卯二月初五
終于乾隆丁巳十一月二十七享壽六十三妻杜氏合葬后岡
一子　觀俸
天聖字惠超號元居尚賢子母梁氏生于康熙辛亥十一
月二十九終于乾隆壬申十月二十九享壽八十二妻潘氏續
娶符氏合葬區屋岡一子　觀錫符氏出
帝德字儒超尚學子母勞氏生于康熙乙卯正月十五終
于雍正丙午五月初二享年五十二妻張氏別適一子　安寧
天遇字裕乾尚禄子母李氏生終葬莫考二子　勝宰
朝宰隨往順德桂州住

亞亮尚考子母謝氏生終葬莫考失傳

連壽尚負子母吴氏生終葬莫考失傳

善文字士超號逸林尚籌子母馮氏生于順治癸巳閏六月二十一終于雍正乙酉四月二十五享壽七十七葬蜆殼岡妻區村區氏葬區屋岡三子　兆魁　高魁　廷魁

善政字秩超號序九尚籌次子母馮氏生于順治乙未七月十四懷才未試就業公門為鹽道掃歸隱田園推舉族正約束有方終于雍正癸丑六月二十享壽七十九妻本里方氏合葬岡嘴三子　觀魁　占魁　世魁

善材字作超號晉仲尚策子母林氏生于順治庚子十二月初五公當四歲以父終在高州泣母盡解衣飾懇祖運棺回葬八歲祖亦弃世待母孀居專攻書算獨力持家年方十八歲掣撥龍門工吏滿轉府據謹慎勤敏創立成家治至晚年上念孀母老耄農養奉下盧諸子愚蠢延師教讀適逢連年圍决有耕無收家計為艱供親常厚以致萱堂怪愉八十二秋不病告

終內被孺慕哀祭葬一一如禮至于子女婚嫁各各及時止孝
止慈公洵有當終于雍正丁未三月初三享壽六十八陪葬岡
嘴妻石牛岡蘇氏享壽七十五而終因陪葬地狹分葬沙岡擇
遷合葬四子　繹魁　緯魁　純魁　寵魁

善養字涵超尚達長子母陳氏生于康熙丁未八月十三
終葬莫可妻石牛岡蘇氏一子　圍魁順德黃連住

善由字彥超尚達次子母陳氏生終莫考妻區氏葬上坑
岡無嗣

善彰字日超尚選子母謝氏生于康熙乙卯正月初四終
于雍正辛亥四月初二享年五十七妻大果杜氏合葬上坑岡
一子　大壽

善賢字佐超號秉國尚遠長子母杜氏生于康熙庚申八
月十八終于康熙乙未十月二十八享年三十六妻舟里林氏
合葬上坑岡四子　銘魁　金魁　鋕魁　鈿魁

善孝字懿超號秉興尚遠次子母杜氏生于康熙壬戌九

月二十五持身亘直處世忠誠大小宗嘗隨時豐積田園基賓
遇倡修素行可嘉有功鄉族終于乾隆壬申十一月初一享壽
七十一妻丹竈謝氏妾潘氏合葬　二子　大魁謝氏出次子
潘出出出族次子之子亦然應照譜例均缺其名次子幸有國
國器譜以繼后
善樂尚遠三子母杜氏生于康熙已卯四月十五前往羅
定終世壽莫考塋葬羅定地方無嗣
開先字超尚賓子母杜氏生于康熙癸丑十一月十九終
于康熙已卯十一月十六享年二十七妻西城潘氏合葬岡嘴
一子　一鳳
康先字健超尚賓次子母杜氏生終莫考葬區屋岡妻孔
氏無嗣
進先字澤超尚賓三子母杜氏生于康熙甲戌八月十八
終于乾隆壬戌四月二十五享年四十九妻沙窖何氏合葬區
屋岡一子　仕魁佛山住

善慶字達超尚拔長子母區氏生于康熙庚午正月十五
終于乾隆已未四月初八享年五十妻鹿大岡蘇氏葬松岡一
子　大福
善諍字爾超尚拔次子母區氏生于康熙壬申九月十二
終于雍正甲辰十月十九享年三十三葬后岡失傳
善議字猷超尚霖長子母梁氏生終莫考妻林氏合葬區
屋岡無嗣
善咏字庚超尚琳次子母梁氏生于康熙乙丑八月二十
前往陽春終世塋葬妻石牛岡蘇氏續娶賴氏葬區屋岡二子
國魁　介魁賴氏出
善諫字挺超尚琳三子母梁氏生于康熙甲戌七月二十
二終于乾隆戊午四月二十八享年四十五妻西城潘氏葬區
屋岡二子　三魁　四魁
序帶字性超尚國長子母劉氏生于康熙丙子二月二十
七于于乾隆庚午三月十二享年五十五妻萃涌區氏合葬上

坑岡二子　大興　大廷
科帶字慎超尚國次子母劉氏生于康熙乙酉六月二十
六終于乾隆甲申十一月二十八妻方氏合葬區屋岡一子
大乾
善敬字禮超孟孫子母李氏生于康熙癸卯十二月初六
充番禺縣吏終于康熙丙申六月十一享年五十四妻鹿大岡
林氏續娶莘涌梁氏合葬岡嘴無嗣
善甫字候超號名遠孟孫次子母李氏生于康熙甲寅八
月初九終于乾隆丁巳六月初一享壽八十四妻本里陳氏合
葬區屋岡一子　閏建
善志字言超號名懷孟孫三子母李氏生于康熙戊午二
月初六終于乾　隆甲戌六月十一享壽七十七妻石牛岡蘇
氏合葬竹逕鯉魚里坐庚向甲之原生三子　徽魁　德魁
復魁

太成字奕超逢科長子母馮氏生于康熙戊辰十二月初
七終于乾隆戊午十二月初十享年五十一妻丹竈謝氏合葬
竹逕岡一子　三德
引成字帶超號百一逢科次子母馮氏生于康熙己卯十
月二十一妻伏水陳氏二子　社德　佑德
序成字教超逢科三子母馮氏生于康熙癸未終于乾隆
戊寅八月十二享年五十六妻孔邊方氏二子　禄德　再德
裕成字信超逢科四子母馮氏生于康熙乙丑十一月初
六終于乾隆癸亥四月初一享年三十四葬莫考妻灣頭杜士
別適無嗣
社元字騰元紹綸長子母梁氏生終葬莫考妻黄氏二子
受科　燕科順德龍潭住
社昌字騰先號康時紹綸次子母梁氏生于康熙庚申十
月十四終于雍正壬子四月十四享年五十三妻張氏續娶左
氏二子　張帶　義章俱左氏出

社遇字騰占紹綸三子母梁氏生終葬莫考妻麥氏一子

石科順德龍潭住

社恩字騰連紹綸四子母梁氏生終葬莫考妻別適無嗣

社賢字騰敬紹綸五子母梁氏生終葬莫考妻楊氏一子

社亮紹綸六子母梁氏生終葬莫考無嗣

從科順德龍潭住

社孫紹騰子母趙氏順德龍潭住

帝孫字騰長紹保長子母麥氏生終葬莫考妻潘氏一子

亞才

勝寬字騰君紹保次子母麥氏生終葬莫考失傳

應福紹鳳長子母方氏生終葬莫考失傳

應韜字騰裕紹鳳次子母方氏生終葬莫考妻西城潘氏

一子有貴

家望字騰蒼紹巒子母甘氏終葬莫考失傳

帝俸字騰昌紹龍長子母陳氏生終莫考葬后岡妻陸氏

無嗣

帝高字騰聰號穎子紹龍次子母陳氏生于康熙壬子二月初八終于乾隆丙辰十一月初一享壽六十五妻李氏葬后岡二子　有勝　有科

文德字騰有號伯會四弟子母謝氏生于康熙壬辰三月二十二終葬莫考妻丹竈謝氏二子　芝賢　芝琳

文元字騰茂號怡林紹璋長子母陸氏生于康熙辛亥正月十二終于乾隆壬申七月初二享壽八十二妻梁氏繼娶陳氏張氏合葬合葬后岡四子　天澤　天從陳氏出　天籍　天詔張氏出

嘉元字騰貞號老柏紹璋次子母　陸氏生于康熙甲子三月十四終于乾隆甲子正月十四享壽六十一妻梁氏合葬后岡三子　天富　天閏　天壽

帝元字騰芝號靄林紹琅長子母劉氏生于康熙甲子四月初二終于乾隆戊午六月二十九享年五十五妻甘氏合葬

后岡一子 天章
貴元字騰千紹琅次子母劉氏生于康熙甲戌五月初十
終于乾隆癸亥九月初一享年五十妻鄧氏合葬后岡二子
天恩 天宗
癸發字美超好弟子母謝氏生于康熙癸未五月十八終
于乾隆壬申四月十三享年五十妻沙水劉氏葬后岡一子
義寬
觀明字元輝號朗耀廟科子母何氏生于康熙丁丑四月
二十七妻本里陳氏一子 聯
喬雄字芳奇號偉涵效知子母黃氏生于萬歷丙辰十一
月 終于康熙辛巳九月二十一享壽八十六妻本里方氏合
葬大辣地二子 士升 士騰
喬俊字卓奇效覺子母李氏生于萬歷乙卯四月初五終
于順治丁亥九月三十享年三十三葬長罖地妻馮氏別適無
嗣

應鴻字騰霄號碧霞效孟長子母吴氏生于崇禎壬午五月初八終于康熙戊子十一月十一享壽六十七妻竈頭鄧氏合葬沙岡一子 觀禄

應鵾字騰漢效孟次子母吴氏生于崇禎甲申十月二十五終于康熙甲申二月十七享年三十七妻勞邊勞氏合葬上坑岡一子 觀璡失傳

應敖字騰高號翔宇效孟三子母吴氏生于順治丁亥五月初一終于康熙癸未九月十一享年五十七妻大沙劉氏合葬丹竈岡五子 觀任 觀赦 觀試 觀聯 觀干

應科字贊興效曾長子母梁氏生于崇禎癸未八月十八終于康熙甲午十二月初六享壽七十二妻區氏合葬沙岡二子 開懷 開萬

應癢字贊斌效曾次子母梁氏生于順治丙戌七月十二終莫考妻葉氏合葬沙岡一子 開宗

應第字 效曾三子母梁氏生終葬莫考無嗣

應元字贊勸效才子母黄氏生于崇禎辛巳六月初九終
于康熙丙戌八月十七享壽六十六妻區村區氏合葬大辣地
三子　開楊　開聰　開顯
應朝字贊宸聖年子母張氏生于順治甲申正月初十終
于康熙壬辰八月二十享壽六十九妻薛氏合葬長罟地二子
帝發　帝邦
文生聖魁長子母陳氏失傳
會生聖魁次子母陳氏失傳
同生聖魁三子母陳氏三人俱生終葬莫考失傳
貴生字贊韜聖開子母甘氏生于順治丙戌十二月初七
終于康熙甲午三月初五享壽六十九妻本里方氏合葬大辣
地一子　帝昌
社帶字贊明聖宗子母李氏生于順治辛丑八月三十終
于康熙癸巳三月初四享年五十三妻大果何氏合葬岡頭山
二子　康有失傳　連有失傳

社相字贊調文宗長子母陳氏生于康熙丙午正月初三
終于雍正癸卯五月十九享年五十八妻大坑甘氏合葬潤螺
岡一子　帝有
壬相字贊和文宗次子母陳氏生于康熙壬子七月十九
終于雍正丁未九月十三享年五十六妻大杏陸氏合葬岡頭
岡無嗣
壽麟字贊聖榮祖長子母高氏生于康熙戊辰五月初六
終于雍正癸丑九月二十二享年四十六葬莫考妻陳氏別適
無嗣
祥麟字心恒榮祖次子母高氏生于康熙癸酉八月十六
終葬莫考無嗣
仲麟字贊書榮祖三子母高氏生于康熙乙酉九月十七
終葬莫考妻陳氏一子　開發
公義字贊芳廟元長子母潘氏生于順治乙酉五月十三
終莫妻孔邊方氏合葬莫考一子　美報

公相字　廟子次子母潘氏生終葬莫考失傳
公輔字贊國廟舉長子母游氏生終葬莫考妻大杏張氏
葬新村一子　義寶華夏莘村住
公瑞字贊壁廟次子母游氏生終葬莫考妻方氏二子
裕報　三報
觀爵字贊恒三綱長子母陳氏生于康熙壬寅八月初三
終于乾隆癸亥二月初六享壽八十二妻大渦張氏合葬蜆殼
岡二子　潤滿　潤遠
觀富字贊華三綱次子母陳氏生終葬莫考妻游氏二子
潤身　潤泮
觀貴字贊化綱三子母陳氏生于康熙丁巳十二月初四
終于雍正乙巳七月二十九享年四十九妻大果杜氏合葬黃
泥地二子　潤考　潤多
觀漢字贊君三畏長子母區氏生于順治丁酉六月二十
六終于康熙壬申九月十四享年三十六妻陳氏合葬蜆殼岡

三子 名興 高興順德黄連住 士興
觀魏三畏次子母區氏
觀趙三畏三子母區氏
觀楚三畏四子 母區氏
觀齊三畏五子母區氏俱往廣西住
觀祚好問長子母蘇氏生終葬莫考失傳
觀庇字贊英好問次子母蘇氏生于順治癸巳四月二十
八終于康熙丙子九月十八享年四十四妻李氏合葬蜆殼岡
二子長子達訓出族次子 帝烏無嗣
觀理好問三子母蘇氏生終莫考葬蜆殼地失傳
保同字進臺好學繼子繼母關氏生母符氏生于康熙癸
丑十月十四終于康熙壬寅二月二十九享年五十妻灣頭杜
氏妾符氏合葬上坑岡一子 潤發符氏出
觀同字季臺好友長子母符氏生于康熙丙午終于康熙
甲午七月初七享年四十九葬莫考妻陳氏一子 瑞碧失傳

三同字祥臺號耀天好友次子母符氏生于康熙乙酉二月一一終于雍正癸丑十月十六享壽六十五妻梅步何氏合葬上坑岡三子　帝柱　帝梓　帝仰無嗣

福同字鳳臺號儀天好友四子母符氏生于康熙庚申八月二十二終于乾隆庚午八月二十六享壽七十一妻本里陳氏合葬上坑岡一子　帝日

廣同字領臺好友五子母符氏生于康熙壬戌終于康熙辛卯二月十九享年三十妻黄氏别適一子　潤旦

觀含字容臺好臣子母區氏生娶終葬莫考一子　潤孝

沙頭岸住

觀宰字元臺號調梅好韶長子母陳氏生于康熙辛亥十月初七終于乾隆壬申六月二十四享壽八十二妻岡頭梁氏繼娶赤甚陳氏合葬上坑岡南向之原三子　潤屋梁氏出　潤君　潤才俱陳氏出

觀蛟字元臺好韶次子母陳氏生于康熙丁巳三月二十

三終于雍正癸卯十二月二十九享年四十七妻西城潘氏合
葬上坑岡二子　潤德　潤廣
觀允字贊聘號應世好禮長子母梁氏生于康熙癸丑十
月初十終于乾隆丁卯十月十二享壽七十五妻梁氏合葬上
坑岡南向之原無嗣
觀萊字元雄好禮次子母梁氏生于康熙乙卯八月初八
終于乾隆壬戌三月二十七享壽六十八妻伏水陳氏合葬上
坑岡二子　潤富　潤遐失傳
觀儒好禮三子母梁氏生終莫考葬上坑岡無嗣
泮容字元采孔鐸長子母陳氏生于順治乙亥正月初四
終于康熙戊寅五月初六享年四十妻梁氏合葬番禺龍碑徑
口獅子岡一子　嘉會
翰客字宸采孔鐸次子母陳氏生于康熙癸卯三月初九
終于康熙辛巳七月初四享年三十九妻劉氏合葬竹逕岡頂
二子　嘉爵失傳　嘉倚失傳

殿客字來采孔鐸三子母陳氏生于康熙辛亥六月二十
終于康熙癸未九月二十七享年三十三妻鄧氏合葬竹逕岡
頂一子　嘉報失傳
籍客孔屏長子母區氏生終葬莫考無嗣
桂客孔屏次子母區氏生終葬莫考無嗣
觀聰字元駒孔蟾長子母馮氏生終葬莫考妻陳氏合葬
竹逕岡無嗣
觀參字元韜孔蟾次子母馮氏生于康熙壬午八月初七
終葬莫考妻區氏無嗣
觀策字元瑞號冠吉孔文長子母李氏生于康熙辛酉十
月十三終于乾隆丙寅正月初八享壽六十六妻杜氏合葬后
岡三子　大申　大義　大賢
觀覺字元仲孔文次子母李氏生于康熙丙寅五月十六
終于乾隆癸卯八月初九享年五十八妻方氏合葬后岡五子
大貴外出　大有　大暢外出　大量　大仰

觀敏字元達孔輝長子母謝氏生于康熙戊辰十二月二
十四終于雍正癸丑九月二十七享年四十六葬沙岡妻孔氏
別適無嗣
觀奇字元超孔輝次子母謝氏生于康熙丁丑九月十八
終于乾隆乙丑十二月初六妻林氏合葬　岡一子　章保
觀俊字元偉孔芝長子母陳氏生于康熙甲申十一月二
十二終于乾隆丙申六月十四妻杜氏合葬大坑
觀韞字元卓孔芝次子母陳氏生于康熙甲午九月十六
終于乾隆戊子八月二十五妻杜氏合葬大坑岡生于子　成
德　必德
家和字廷貴效龍長子嫡母蘇氏生母賴氏生于康熙戊
子十月二十六終于雍正　妻華夏吴氏合葬竹逕岡二子
同長　義長
家讓字廷尚效寵次子嫡母蘇氏生母吴氏生于康熙戊
子十一月二十三公存心不苟見義必為金竹頭羅岡二世祖

山于乾隆丁巳二月被土匪陸簡夫于墓后右邊余地盜葬其
父同同侄孫帝廣出控經三水縣批着族保查覆簡夫即原立
限遷遠地伊族保陋光緒等沿簽繳覆消案及至戊寅土棍陸
華先又于墓后左邊后土鋤挖仍同出控復蒙三水縣批三水
司傳集覆勘嚴飭華先培復嗣后不得侵占有案存據妻沙水
劉氏合葬莫考無嗣附祀　季房祠
家玉字儒珍仕應長子母梁氏生于康熙終葬莫考妻陳
氏一子　文第
家璡字廷珍號朝保仕應次子母梁氏生于康熙丙子終
于乾隆乙卯三月享壽六十三葬莫考妻潘氏生一子　蘊第
日進字儒錫仕恩子母游氏生終莫考妻陳氏合葬潤螺
一子　科第
茂第字有珍仕高子生娶終葬莫考生三子俱往省城住
社庇字振錫號冠熬效元長子母李氏生于順治庚寅正
月六六終莫考妻陳氏合葬上坑岡三子　在宗　惠宗　惠

祖
社存效元次子母李氏生于順治丁丑四月十一終娶莫
考葬上坑岡無嗣
首榮字晉錫效豪長子母潘氏生于崇禎甲申八月二十
終葬莫考妻何氏一子 在國
顯榮字壯錫效豪次子母潘氏生娶終葬莫考無嗣
世榮字建錫效豪三子母梁氏生于康熙癸卯九月初四
終葬莫考三子 在恩順德桂洲住 在邦無嗣 在權無嗣
進榮字禮錫效奇子母暨氏生于康熙乙巳十月二十七
娶終葬莫考無嗣
社慶字開錫效祥子母區氏生于順治庚子九月二十四
終葬莫考妻杜氏一子 在琛
社龍字廣錫效文長子母黃氏生娶終葬莫考二子 在
養 在新
社獅字滿錫效文次子母黃氏生娶終葬莫考無嗣

帝孫字朝錫效魁長子母陳氏生于順治丙申三月初三
終于康熙癸巳五月十五享年五十八妻梁氏繼娶謝氏合葬
螺岡五子　在明梁氏出　在文外出　在科外出　在廷
華障俱謝氏出
友孫字恩錫效魁次子母陳氏生于順治辛丑二月二十
六終于康熙癸未十二月初四享年四十三妻梁氏合葬潤螺
岡一子　在標
乙弟字裕錫鎰長子母鐘氏生于康熙乙巳八月十二娶
終葬莫考無嗣
戊弟字侯錫鎰次子母鐘氏生娶終葬莫考無嗣
明質字喬錫官榮子母潘氏生娶終葬莫考無嗣
才質字奇錫官貴子母龍氏生于順治庚子七月十一娶
終葬莫考無嗣